Sumário

"*O mundo perdido do dilúvio* coloca perante o leitor sério da Bíblia um exame consistente do texto, uma franqueza sobre a hipérbole na narrativa do dilúvio, uma localização e explicação brilhantes da história do dilúvio no contexto do Antigo Oriente Próximo, uma profunda compreensão do valor teológico do texto e um exemplo nobre de leitura da Bíblia como Palavra de Deus. Um feito corajoso e impecável."

Scot McKnight, Cátedra Julius R. Mantey de Novo Testamento, Northern Seminary

"Uma 'leitura simples' do relato bíblico do dilúvio tem sido ameaçada desde a introdução da 'geologia diluviana', há quase um século. Em um esforço de defender a verdade bíblica, muitos cristãos bem-intencionados deturparam tanto o texto bíblico quanto o campo da geologia. Em *O mundo perdido do dilúvio*, Longman e Walton fazem grandes progressos de recuperação da autoridade bíblica afastando-se de interpretações de Gênesis 6 a 9 fundamentadas em uma exegese pobre e uma ciência igualmente pobre. Com mão firme, mas gentil, os autores levam o leitor ao mundo do Israel antigo, oferecendo uma interpretação da narrativa bíblica do dilúvio que honra a autoridade da Escritura e respeita o consenso científico em questões geológicas."

Kyle Greenwood, professor associado de Antigo Testamento e hebraico,
Colorado Christian University

"Dois especialistas do Antigo Oriente Próximo e da Bíblia unem-se a um geólogo para abordar uma questão incômoda de Gênesis: Qual a natureza e extensão do dilúvio bíblico? Com clareza e lógica, ambos apresentam uma posição contrária à 'ortodoxia' tradicional evangélica. Se alguém quiser rebatê-la, terá de fazê-lo com igual clareza e lógica."

David W. Baker, professor de Antigo Testamento e línguas semíticas,
Ashland Theological Seminary

"Em *O mundo perdido do dilúvio*, John Walton e Tremper Longman III continuam o trabalho inicial de Walton em sua Série Mundo Perdido, conectando, neste livro, as narrativas do dilúvio e de Babel (Gênesis 6—11) com os capítulos iniciais de Gênesis, com Abraão e mesmo com acontecimentos e sermões registrados no Novo Testamento. Walton e Longman examinam o contexto geográfico e cultural mesopotâmico da narrativa pré-abraâmica de Gênesis. Eles demostram que o emprego deliberado de vinhetas históricas selecionadas nos primeiros capítulos de Gênesis é modelado de forma retórica. Notadamente, Walton e Longman estabelecem o papel que a linguagem hiperbólica exerce no modo de Gênesis se apropriar de seu pano de fundo cultural. Ao fazê-lo, os autores explicam por que o dilúvio de Noé deve se referir a um acontecimento regional importante, não a um cataclismo em escala planetária. Eles apresentam um forte argumento de que aqueles que tentam ignorar as fontes da revelação original estão arrogando autoridade para si mesmos. Se os autores estão corretos, muitas afirmações proferidas pelos que propõem uma inundação semelhante a um tsunami global são, na melhor das hipóteses, presunçosas e, na pior, enganadoras. Walton e Longman merecem elogios por sua abordagem perspicaz e por sua discussão terapêutica da narrativa de Noé."

Ralph Stearley, professor de geografia e estudos ambientais, Calvin College

"Os autores apresentam mais um volume excelente da Série Mundo Perdido para o leitor que deseja se aprofundar no tópico controverso do dilúvio a fim de fortalecer sua fé. Esse volume será de grande ajuda a todos os que demonstram uma fé que busca entendimento."

Bill T. Arnold, Professor Paul S. Amós de Interpretação do Antigo Testamento, Asbury Theological Seminary

"John Walton, o Indiana Jones dos mundos perdidos da Bíblia, conseguiu mais uma vez! Depois de superar obstáculos e fazer um levantamento da topografia cultural do Antigo Oriente Próximo nos mundos perdidos de Gênesis 1, da Escritura e de Adão e Eva, Walton mapeia o terreno do mundo perdido do dilúvio. Nessa jornada, Walton é acompanhado por Tremper Longman, especialista em Antigo Testamento, e pelo geólogo Steve Moshier. Como em iniciativas anteriores da Série Mundo Perdido, Longman e Walton, munidos de sua visão evangélica e elevada da Escritura, apresentam sua descoberta em uma série de proposições. Ao interpretarem as narrativas do dilúvio, dos filhos de Deus e da torre de Babel, ambos aplicam parâmetros do Antigo Oriente Próximo, pois, segundo sustentam, Israel e seus vizinhos compartilhavam do mesmo contexto cultural. Walton e Longman concluem que o tema dominante da não ordem, ordem e desordem em relação à presença divina está no centro das narrativas. Em essência, esses relatos familiares estavam enraizados em acontecimentos reais e históricos, tal como um grande dilúvio local, mas foram descritos em linguagem figurada pelo emprego de hipérboles com o objetivo de estabelecer verdades teológicas importantes a respeito da presença de Deus. Os autores insistem que as narrativas não tinham a intenção de prover informações pelas quais alguém poderia reconstruir os acontecimentos históricos em si. Em apoio a essa defesa, Moshier elabora uma crítica da geologia diluviana, segundo a qual Gênesis ensina um dilúvio mundial e de um ano de duração, responsável pelo depósito da maioria dos estratos geológicos fossilíferos do planeta. *O mundo perdido do dilúvio* é leitura obrigatória para todos os fãs da Série Mundo Perdido, especialmente aqueles que tentam entender Gênesis 1—11 no contexto da ciência moderna. Este livro é um tesouro de propostas e *insights* criativos e provocativos. Uma leitura mais do que agradável."

Davis A. Young, professor emérito de geologia, Calvin College

"Muitos leitores da Bíblia ficam perplexos sobre como entender as aparentes histórias lendárias de Gênesis 1—11. Em continuidade com os livros anteriores de Walton na Série Mundo Perdido, Longman e Walton — ambos escritores de importantes comentários em Gênesis — fornecem direcionamento perspicaz para a leitura da narrativa do dilúvio, enquadrando-a na história mais ampla de Gênesis 1—11 e no contexto literário do Antigo Oriente Próximo. Atentos a questões contemporâneas de ciência e história que muitos leitores trazem para o texto, ambos devotam toda atenção ao gênero literário da história do dilúvio, ajudando-nos a entender melhor alegações teológicas cuja intenção é impactar a vida humana, tanto na antiguidade quanto hoje."

J. Richard Middleton, professor de cosmovisão e exegese bíblica, Northeastern Seminary no Roberts Wesleyan College

Tremper Longman III
& John H. Walton

com CONTRIBUIÇÃO *de* STEPHEN O. MOSHIER

O MUNDO PERDIDO *do* DILÚVIO

TEOLOGIA, MITOLOGIA
E O DEBATE SOBRE OS DIAS
QUE ABALARAM A TERRA

Tradução de Elissamai Bauleo

THOMAS NELSON
BRASIL®

RIO DE JANEIRO, 2021

Título original:
The lost world of the flood: mythology, theology, and the deluge debate

As citações bíblicas são da *Nova Versão Internacional* (NVI), da Biblica, Inc., a menos que seja especificada outra versão da Bíblia Sagrada.

Os pontos de vista dessa obra são de responsabilidade dos autores e colaboradores diretos, não refletindo necessariamente a posição da Thomas Nelson Brasil, da HarperCollins Christian Publishing ou de sua equipe editorial.

Gerente editorial	Samuel Coto
Editor responsável	André Lodos Tangerino
Assistente editorial	Bruna Gomes
Copidesque	Marcelo Cabral
Revisão	Mauro Nogueira, Aldo Menezes
Diagramação	Filigrana e Aldo Menezes
Capa	Rafael Brum

DADOS INTERNACIONAIS DE CATALOGAÇÃO NA PUBLICAÇÃO (CIP)
ANGÉLICA ILACQUA CRB-8/7057

L843m

Longman, Tremper
O mundo perdido do dilúvio : teologia, mitologia e o debate sobre os dias que abalaram a Terra / Tremper Longman III, John H. Walton ; com contribuição de Stephen O. Moshier ; tradução de Elissamai Bauleo. – Rio de Janeiro : Thomas Nelson Brasil, 2019.
208 p.
Bibliografia
Tradução de:The lost world of the flood: mythology, theology, and the deluge debate
ISBN 978-85-7167-004-4

1. Cristianismo 2. Bíblia. A.T. Gênesis - Crítica e interpretação 3. Dilúvio I. Título II. Walton, John H. III. Moshier, Stephen O. IV. Bauleo, Elissamai

19-0214 CDD: 222.1106

CDU: 221.14

Thomas Nelson Brasil é uma marca licenciada à Vida Melhor Editora LTDA.
Todos os direitos reservados à Vida Melhor Editora LTDA.
Rua da Quitanda, 86, sala 218 – Centro
Rio de Janeiro, RJ, Brasil - CEP 20091-005
Tel.: (21) 3175-1030

www.thomasnelson.com.br

Prefácio

A Série Mundo Perdido possui os seguintes conceitos subjacentes:

- Discussão acessível de um tópico de interesse popular corrente (não apenas acadêmico).
- Abordagem por meio de proposições que movem o leitor por uma sequência lógica dos principais pontos de discussão.
- Fundamentação em uma leitura nova e cuidadosa do texto hebraico.
- Fornecimento de informação pelo conhecimento literário e do ambiente cognitivo do Antigo Oriente Próximo.
- Sustentação de uma hermenêutica consistentemente aplicada, que encontra a mensagem autoritativa de Deus no texto representada na comunicação, conforme entendido pela fonte humana (falada ou escrita) e seu público — elaborando o princípio de que, embora a Bíblia tenha sido escrita *para* nós, ela *não foi destinada* a nós, ou seja, não somos seu *público primário*.

O relato do dilúvio (situado no contexto de Gênesis 1—11) é indiscutivelmente um excelente candidato para tal estudo. Ele serve de exemplo de texto que foi submetido a diversas leituras modernas, de acordo com o foco de intérpretes em apologética, reconstrução histórica ou averiguação científica do acontecimento. Argumentaremos que essas leituras não apenas estão erradas, mas que chegam até mesmo a distorcer a mensagem bíblica.

Assuntos abordados na Série Mundo Perdido são inerentemente controversos; é por isso que continuam a ser debatidos. Desta maneira, qualquer tratamento que receberem será controverso, e este não é exceção. O leitor de mente aberta, que busca uma interpretação que lhe fará sentido, é convidado a arregaçar as mangas e a se engajar com as ideias que propomos.

A intenção da Série Mundo Perdido não é oferecer uma única interpretação "correta" do texto. Buscamos, antes, dar uma interpretação baseada na convicção de que a Bíblia é a Palavra de Deus, a Escritura que fala verdadeiramente. Ao mesmo tempo, reconhecemos a importância de gêneros literários, da compreensão do mundo antigo e de uma boa hermenêutica para chegarmos ao entendimento da verdade.

Não temos o objetivo de converter o leitor às conclusões que chegamos, nem mesmo persuadi-lo a adotar nosso modo de pensar. Antes, buscamos chamar a atenção do leitor a informações que nos ajudaram enquanto lutamos para entender os textos. Se o leitor considerar as informações úteis e benéficas, ficaremos gratos. No entanto, para o leitor que não pode aceitar nossas descobertas, crendo que a Escritura faz alegações que exigem outras conclusões, esperamos ao menos ter mostrado como nossa interpretação particular é resultado de uma interpretação fiel.

Abreviações

AfO .... *Archiv fur Orientforschung*

AOP .... Antigo Oriente Próximo

ANET ..... *Ancient Near Eastern Texts Relating to the Old Testament*. Editado por James B. Pritchard. 3ª ed. Princeton: Princeton University Press, 1969.

AT .... Antigo Testamento

BSac .... *Bibliotheca Sacra*

BSOT .... *Behind the Scenes of the Old Testament*. Editado por Jonathan Greer, John Hilber e John Walton. Grand Rapids: Baker, 2018.

CAD .... *The Assyrian Dictionary of the Oriental Institute of the University of Chicago*. 21 vols. Chicago: Oriental Institute of Chicago, 1956-2006.

COS .... *The Context of Scripture*. Editado por William W. Hallo. 3 vols. Leiden: Brill, 1997-2002.

EI .... *Eretz Israel*

FOTL ...... Forms of the Old Testament Literature

IDB .... *The Interpreter's Dictionary of the Bible*. Editado por George A. Buttrick. 4 vols. Nova York: Abingdon, 1962.

JBL .... *Journal of Biblical Literature*

JNES .... *Journal of Near Eastern Studies*

JSOT .... *Journal of the Study of the Old Testament*

NICOT ... New International Commentary on the Old Testament

NIVAC ... NIV Application Commentary

NT........... Novo Testamento

OBO .... Orbis Biblicus et Orientalis

RAI .... Recontre assyriologique internacionale

SGBC...... Story of God Bible Commentary

TynBul .... *Tyndale Bulletin*

WBC....... Word Biblical Commentary

ZAW .... *Zeitschrift fur die alttestamentliche Wissenschaft*

Parte I

Método: perspectivas sobre interpretação

Proposição 1

Gênesis é um documento antigo

Todos desejamos ser intérpretes fiéis da Palavra de Deus, pois, ao interpretá-la corretamente, asseguramo-nos de que receberemos o benefício pleno de sua revelação. Consideramos que a Bíblia tem autoridade e queremos nos submeter a ela. A autoridade bíblica está intrinsecamente atrelada à intenção do autor; por isso, devemos considerar o que o autor humano tinha intenção de comunicar se queremos entender qual é a mensagem de Deus. Duas vozes falam: o autor humano é nossa porta de entrada para o cômodo da mensagem de Deus e seu significado. Assim, ao ler Gênesis, lemos um documento antigo e devemos começar usando apenas suposições apropriadas ao mundo antigo. Devemos entender como os antigos pensavam e que ideias fundamentavam sua comunicação.

Embora raramente identificaremos uma passagem da Bíblia cuja interpretação depende do conhecimento particular de um texto conhecido do Antigo Oriente Próximo, estamos interessados, em grande medida, em entender como o Israel do Antigo Testamento se integrava no mundo antigo. Quer a revelação de Deus no Antigo Testamento reflita um tipo de pensamento comum no mundo antigo, quer exorte os israelitas a abandonarem o pensamento desse período, o diálogo que acontece na Bíblia é seguramente situado nesse mundo. Assim, quanto mais aprendermos acerca do mundo antigo, mais fiel será nossa interpretação.

Em certo sentido, cada ato de comunicação bem-sucedido é alcançado por diversos níveis de adaptação por parte do comunicador, mas apenas pelo benefício do público que ele tem em mente. A adaptação deve preencher a lacuna quando comunicador e público não compartilham a mesma língua, o mesmo comando da linguagem, a mesma cultura ou as mesmas experiências. Entretanto, não esperamos que um comunicador se adapte a um público que ainda não conhece nem que ele o antecipe. Comunicação de *alto contexto* ocorre entre *insiders* em situações nas quais comunicador e público partilham muito em comum. Em tais situações, menos adaptação é necessária para que a comunicação eficaz ocorra, de modo que boa parte da informação que um *outsider* precisaria para entender plenamente a comunicação poderá ser omitida.

A ideia é ilustrada pelas informações de trânsito que escutamos em determinada região, onde referências a horários de pico e problemas em lugares específicos pressupõem conhecimento íntimo das estradas por parte do ouvinte. Informações de trânsito que oferecem o melhor horário de deslocamento a partir de diversos pontos identificados e incluem locais onde alguém pode encontrar engarrafamento são muito importantes para mim (John) como alguém que circula pela cidade regularmente. Sei exatamente o que esperar pela informação de que levará 38 minutos para dirigir do ponto A ao B e que haverá um congestionamento no meio do trajeto. Quando, porém, visitantes de fora da cidade escutam a mesma informação, ficam confusos. Eles não sabem se localizar usando referências locais, nem conseguem encontrá-las em um mapa; tampouco sabem a distância entre uma localidade e outra, nem que, em um dia bom, alguém pode se deslocar de A para B em cerca de oito minutos.

Em contrapartida, na comunicação de *baixo contexto*, altos níveis de adaptação são necessários quando um *insider* tenta comunicar-se com um *outsider*. Uma informação de trânsito de baixo contexto teria que explicar com precisão ao ouvinte de outra cidade ou ao motorista inexperiente onde ficam as diferentes localidades, bem como o tempo normal de deslocamento entre um lugar e outro em dias tranquilos. Seriam certamente transmissões bem mais longas. Se a informação do tráfego fosse sempre voltada ao visitante de outra cidade, seria muito cansativa para ter qualquer utilidade ao motorista local.

Propomos que, na Bíblia, um comunicador humano está envolvido na expressão de uma mensagem adaptada a um público de alto contexto (i.e., ao antigo israelita). Assim, por exemplo, um profeta e seu público compartilham da mesma história, cultura, língua e experiências de sua vida contemporânea. Deus empregou essa comunicação como revelação de seus planos e propósitos. Quando lemos a Bíblia, entramos no contexto dessa comunicação como *outsiders* de baixo contexto e precisamos usar todas as ferramentas inferenciais para discernir a natureza da comunicação ocorrida em um cenário antigo, bem como, a partir dele, discernir a revelação oferecida por Deus por meio dessa comunicação. Temos de usar pesquisas para preencher toda informação que não precisou ser dita pelo profeta ao seu público em virtude de sua comunicação de alto contexto. É assim que nós, leitores modernos, devemos interagir com um texto antigo.

Quem leva a Bíblia a sério crê que Deus inspirou as locuções (palavras faladas ou escritas) empregadas pelo comunicador para cumprir ilocuções conjuntas (entre o autor divino e o autor humano, o que leva ao entendimento de intenções, reivindicações, afirmações e, em última análise, significado), mas que as locuções fundamentais estão atreladas ao mundo do comunicador.[1] Seja qual for a ilocução do comunicador humano, Deus adicionou uma segunda ilocução à comunicação, a saber, a revelação. Inspiração está relacionada a *locuções* (cuja origem está em Deus); *ilocuções* definem o caminho necessário para o significado, que pode ser definido como que caracterizado pela autoridade.

---

[1] As ilocuções são o foco dos atos da fala (p. ex., promessa, ordem, bênção, instrução). A ilocução identifica o que os comunicadores estão fazendo com suas palavras.

Às vezes, nossa distância em relação ao comunicador antigo pode significar que interpretamos mal a comunicação, por causa de elementos que nos são desconhecidos ou porque não compartilhamos da mesma forma de pensar do comunicador. Estudos comparativos nos ajudam a entender mais plenamente a forma de gêneros empregados pelos autores bíblicos e a natureza de seus recursos retóricos, de modo a não interpretarmos esses elementos como algo que eles nunca foram. Tal exercício não compromete a autoridade da Escritura, porém atribui autoridade àquilo que o comunicador estava de fato comunicando. Também precisamos de estudos comparativos para reconhecer aspectos do ambiente cognitivo do autor que nos são estranhos, bem como a fim de ler o texto à luz de seu mundo e visão de mundo. Isso não é impor algo estranho ao texto; trata-se da tentativa de reconhecer aquilo que é inerente ao texto em virtude de seu contexto; afinal, autor e público estão integrados no mundo antigo. Não impomos essa integração ao texto, da mesma forma como não impomos a língua hebraica ao texto quando tentamos lê-lo em sua língua original.

Como forma de ilustração, usaremos a metáfora de um rio cultural. Em nosso mundo moderno, o rio cultural é facilmente identificado. Entre suas correntes estão diversos princípios básicos, como direitos, liberdade, capitalismo, democracia, individualismo, globalização, economia de mercado, naturalismo científico, um universo em expansão, empirismo e leis naturais, só para citar alguns. Enquanto alguns desejam flutuar nas correntezas desse rio, outros lutam para nadar contra a correnteza; no entanto, todos em nosso mundo moderno estão inevitavelmente localizados nessas águas. A despeito de nosso modo de pensar diversificado, estamos todos no rio cultural, e sua corrente nos é familiar.

No mundo antigo, um rio cultural bem diferente fluía por todas estas diversas culturas: egípcia, fenícia, assíria e, claro, israelita. A despeito de variações entre culturas e no decorrer dos séculos, certos elementos permaneceram, em grande medida, estáticos.

Contínuos ajustes de curso têm pouco efeito sobre as correntezas mais persistentes. Pessoas são pessoas, mas pouco das correntes comuns às culturas antigas se encontra em nosso rio cultural. No rio cultural antigo, encontraríamos correntezas tais como identidade comunitária, controle abrangente e onipresente dos deuses, o papel do sistema de reinado, adivinhação, a centralidade do templo, o papel mediador de imagens e a realidade do mundo espiritual e da mágica.

Os israelitas às vezes flutuavam nas correntezas do rio cultural antigo sem resistência, e não devemos nem nos surpreender, nem criticar. Outras vezes, porém, a revelação de Deus os encorajava a forçar sua saída da correnteza por águas rasas, ou mesmo nadar furiosamente rio acima. Seja qual for o grau de interação dos israelitas com o rio cultural, importa-nos lembrar que eles estavam situados no rio cultural *antigo*, não imersos nas correntes do nosso rio cultural moderno.

Procuramos entender essa imersão para sermos intérpretes fiéis do texto bíblico. Deus se comunicou no contexto do rio cultural de Israel. A mensagem, o propósito e a autoridade de Deus foram todos conferidos sobre comunicadores israelitas e para públicos israelitas, e a mensagem tomou forma de acordo com a lógica interna de sua linguagem e cultura. Não podemos estar seguros de comunicação autoritativa por meio de nenhuma outra fonte. Dessa maneira, devemos descobrir a mensagem de Deus como comunicada por meio desses intermediários em seu rio cultural antigo.

Se devemos interpretar a Escritura para receber o impacto pleno da mensagem autoritativa de Deus e construir o fundamento de uma boa teologia, temos de começar deixando nosso rio cultural para trás, com todas as questões e perspectivas modernas, a fim de entender o rio cultural dos intermediários antigos. Comunicadores que encontramos no Antigo Testamento não estão cientes do nosso rio cultural — incluindo todos os seus aspectos científicos; eles nem retratam nosso rio cultural, nem o antecipam. Assim, não podemos presumir que qualquer uma das constantes e correntes de nosso rio cultural sejam abordados na Escritura.

Consequentemente, somos obrigados a respeitar o texto, reconhecendo seu tipo e a natureza da mensagem que oferece. Nesse sentido, há muito reconhecemos que a Bíblia não é um manual científico cujo propósito é abordar questões a partir do nosso ponto de vista moderno. Em outras palavras, a intenção de Deus não é ensinar a respeito de acontecimentos ou fenômenos científicos. Ao mesmo tempo que revela *de fato* sua operação no mundo, Deus *não* revela como o mundo opera.

Como exemplo de aspectos estranhos do ambiente cognitivo, pessoas no mundo antigo não tinham categoria para o que chamamos de "leis naturais". Ao pensarem em causa e efeito, mesmo capazes de fazer as mesmas observações que fazemos (p. ex., quando empurramos um objeto, ele se move; quando soltamos um objeto, ele cai), elas estavam mais inclinadas a ver as operações do mundo em termos de ação divina. As coisas funcionavam de determinada maneira porque Deus estabelecera o sistema e o preservava. Pessoas do mundo antigo não veriam o cosmos como uma máquina, mas como um reino, e Deus se comunicava com elas a respeito do mundo nesses termos. Sua revelação não tinha o objetivo de lhes prover um entendimento mais sofisticado da mecânica do mundo natural.

Semelhantemente, Deus não ocultava informações desse tipo no texto para que leitores posteriores as descobrissem. Supor que ele o fazia não nos fornece verificações confiáveis. Por exemplo: nos dias quando acreditávamos que o universo era estático, pessoas poderiam facilmente recorrer à Bíblia em busca de conformação para essa ciência. Hoje, podemos pensar em encontrar a confirmação do *big bang* ou universo expansivo, mas, em algum momento, podemos não mais considerá-la verdadeira. Abordagens desse tipo não podem ser adotadas no âmbito de um modelo de autoridade bíblica.

Da mesma maneira, a autoridade do texto não é respeitada quando declarações bíblicas, cujo contexto é parte da ciência antiga, são usadas como se fossem descrições de Deus correspondentes ao entendimento científico moderno.[2] Quando o texto fala sobre pensar com o coração ou o intestino, não propõe ideias científicas que devemos confirmar se desejamos levar a sério a autoridade bíblica. Não precisamos propor meios pelos quais nosso órgão de bombeamento sanguíneo ou sistema digestivo são envolvidos fisiologicamente no processo cognitivo. Trata-se apenas de comunicação no contexto da ciência antiga. Assim também, quando o texto fala sobre "águas acima" do firmamento, não devemos tentar construir um sistema cósmico com águas acima dos céus. Todos no mundo antigo criam em um oceano cósmico, suspenso por sobre um céu sólido. Desse modo, quando o texto bíblico fala a respeito de "águas acima" não está oferecendo uma revelação normativa de fatos científicos.

Por isso, se concluirmos que não existem, estritamente falando, "águas acima", não identificamos com isso um erro na Escritura. Antes, reconhecemos que a autoridade divina do texto jaz em outro lugar. Autoridade está atrelada à mensagem que o autor intenciona comunicar como agente da revelação de Deus. Essa comunicação divina dá início à revelação ao apoiar-se nos ombros da comunicação de um ser humano que se dirige ao mundo do antigo Israel. Embora, em última análise, a Bíblia tenha sido escrita *para* nós, ela não foi *destinada* a nós. A revelação que ela provê pode nos equipar para conhecermos a Deus, seu plano e seus propósitos, tornando-nos, assim, participantes com ele no mundo com o qual nos deparamos hoje. Contudo, a Bíblia não foi escrita com nosso mundo em vista. Nesse contexto, ela não é comunicada em nossa língua; não é dirigida à nossa cultura; não antecipa questões sobre o mundo e suas operações ou outras ideias que resultam de situações e problemas modernos.

---

[2] Cf. discussão sobre o assunto em Kenneth Keathley, J. B. Stump e Joe Aguirre, eds., *Old-Earth or Evolutionary Creation?* [Criacionismo da Terra-Antiga ou Criacionismo Evolutivo?] (Downers Grove: InterVarsity Press, 2017), p. 27-48.

Se impusermos ideias modernas ao texto, o despimos de sua autoridade e, na prática, o comprometemos; como resultado, arrogamos autoridade para nós e nossas ideias. O texto não pode assumir um significado que nunca lhe foi intencionado. O que o texto diz pode convergir com a ciência moderna, mas ele mesmo não faz alegações autoritativas pertencentes ao domínio da ciência moderna. (Por exemplo: algumas declarações bíblicas podem coincidir com a cosmologia do *big bang*, mas o texto não estabelece, de modo autoritativo, a cosmologia do *big bang*). A intenção do autor e o entendimento do público impõem restrições sobre aquilo que tem autoridade. A única forma pela qual podemos nos mover com certeza para além da intenção do autor do Antigo Testamento é se outra voz autoritativa (por exemplo, um autor do Novo Testamento) nos der essa extensão de significado.

Propomos, então, que afirmações doutrinárias acerca da Escritura (autoridade, inerrância, infalibilidade etc.) sejam atreladas à mensagem intencionada pelo comunicador humano (conforme empregada pelo comunicador divino). Isso não significa que, por isso, acreditamos em tudo o que o autor humano acredita (o autor de Gênesis *realmente* cria que o céu é sólido), mas expressamos nosso comprometimento com seu ato comunicativo.

Visto que a forma de sua mensagem está fundamentada em sua linguagem e cultura, é importante diferenciar entre o que o comunicador podia ser levado a acreditar e o foco de sua intenção ao ensinar.[3] A ideia de que pessoas pensam com suas entranhas está presente nas expressões e crenças do comunicador bíblico, mas a intenção da revelação não é fazer asserções sobre fisiologia ou anatomia. Deixar de lado tais ideias culturalmente vinculadas não

---

[3] O próprio Jerônimo reconheceu essa distinção ao notar que "muitas coisas nas Sagradas Escrituras [...] são ditas de acordo com a opinião da época em que os acontecimentos ocorreram, não de acordo com a realidade dos fatos". Jerome [Jerônimo], *Commentary on Jeremiah 28:10-11* [Comentário de Jeremias 28:10-11]. Sou grato a Michael Graves pela referência.

compromete a mensagem do texto nem sua autoridade. O gênero também é parte da estrutura comunicativa e, assim, atrelado à cultura. Precisamos levar em conta aspectos culturais do gênero e seu molde antes de entendermos de forma correta as intenções do autor.[4] Na outra ponta do espectro, uma vez que entendemos a mensagem, não podemos contorná-la a fim de adotar apenas uma aplicação generalizada (por exemplo, "ame a Deus e ao seu próximo e tudo ficará bem"), fazendo da comunicação gênero-contextual do autor uma mensagem adaptativa e potencialmente errônea.

A autoridade e inerrância do texto estão, e têm estado, tradicionalmente atreladas ao que o texto afirma, e sua afirmação não é de natureza científica. O texto não afirma que pensamos com as entranhas (embora o comunique nesses termos por corresponder com o que o público cria), assim como não afirma que existem "águas acima" (i.e., um oceano cósmico retido por um céu sólido). Por essa razão, a questão que devemos abordar é se o texto, em sua autoridade, faz qualquer afirmação sobre a abrangência e a natureza do dilúvio conforme refletido no pensamento de um cientista de hoje. Se a comunicação do texto adota a "ciência" e as ideias cridas por todos no mundo antigo (como no caso da fisiologia e das "águas acima"), precisamos distinguir entre a perspectiva dos antigos e a mensagem autoritativa do texto.

Eis o modo como o paradigma funciona: antes de mais nada, existe um mundo real, mas a Bíblia não o *descreve* de maneira autoritativa. Sua descrição é tanto condicionada culturalmente (céu sólido, águas acima etc.) quanto modelada retoricamente. Não podemos derivar uma explicação científica do mundo a partir da Bíblia, e seria incorreto tentar encontrar evidências científicas para

---

[4] Uma técnica ilustrada em K. Lawson Younger Jr., *Ancient Conquest Accounts* [Relatos antigos de conquista] (Sheffield, UK: JSOT Press, 1990); e John H. Walton, *Lost World of Genesis One* [O mundo perdido de Gênesis 1] (Downers Grove: InterVarsity Press, 2009).

essa descrição. Todavia, a Bíblia *de fato interpreta* autoritativamente esse mundo (a obra de Deus no mundo e sua relação com ele).

Podemos aplicar o mesmo paradigma ao dilúvio. Um acontecimento real e cataclísmico ocorreu, mas a Bíblia não *descreve* esse acontecimento de modo autoritativo. Sua descrição é condicionada culturalmente (tradição do dilúvio como a conhecemos) e modelada retoricamente (proporções cósmico-universais). Não podemos extrair uma explicação científica do dilúvio a partir da Bíblia, e seria incorreto tentar encontrar evidências científicas para essa descrição. Entretanto, a Bíblia realmente *interpreta* de modo autoritativo esse acontecimento (o que Deus estava fazendo; por que ele aconteceu: juízo, recriação, não ordem como resposta à desordem, aliança etc.).

Isso não impede o texto de retratar acontecimentos históricos envolvendo uma ciência que os antigos não entendiam (por exemplo, a mecânica do dilúvio). Em tais casos, a Bíblia não *fornece* revelação científica; ela *mantém silêncio* acerca de assuntos científicos. Nossa explicação científica, seja ela qual for, não estabelece a autoridade do texto (assim como nossa interpretação não carrega autoridade). Na Bíblia, esperamos encontrar uma interpretação autoritativa de um acontecimento como o dilúvio, não a capacidade de reconstruir um relato autoritativo do dilúvio em termos científicos. O relato bíblico tem como referência um acontecimento real em um passado real; no entanto, a revelação de Deus não é o acontecimento em si, mas a interpretação do acontecimento (mais sobre isso na proposição 14).

Podemos começar a entender as alegações do texto como um documento antigo primeiramente ao prestar atenção ao que o texto diz e não diz. É fácil fazer suposições intrusivas baseadas em nossa própria cultura, ambiente cognitivo, tradição e questionamentos (i.e., nosso rio cultural). Não pressupor e impor nossa perspectiva moderna sobre o texto como leitores *outsiders*, porém, exige-nos certo nível de disciplina, ainda que, frequentemente, façamos isso de maneira inconsciente: nosso próprio contexto é intrínseco à nossa forma de pensar, enquanto o mundo antigo nos é uma incógnita.

O melhor meio de reconhecermos as distinções entre o pensamento antigo e o moderno é começar prestando atenção ao mundo antigo. Podemos fazê-lo ao imergir na literatura do mundo antigo. Essa prática de nenhum modo substitui a Escritura, porém pode ser uma ferramenta para melhor entendê-la. Quando tentamos compreender os capítulos iniciais de Gênesis, nossa imersão não é limitada aos textos de cosmologia ou relatos de dilúvio no mundo antigo. Dicas relacionadas ao ambiente cognitivo podem ser encontradas a partir de uma literatura antiga bem diversa.

Obviamente, nem todo mundo pode exercer essa tarefa, da mesma forma que nem todos podem separar anos de estudo para o domínio do hebraico e do grego. Aqueles que têm dom, chamado e paixão pelas línguas originais, assim como a oportunidade de estudar, pesquisar e escrever, usam sua competência para o benefício de outros. Da mesma maneira, aqueles que têm dom, chamado e paixão pelo estudo do mundo antigo, bem como a oportunidade de pesquisar e escrever, podem usar sua competência para o benefício daqueles que não têm as mesmas oportunidades.

Tal estudo não é uma violação da clareza (perspicuidade) da Escritura propagada pelos reformadores; eles não defendiam que cada trecho da Escritura era transparente a qualquer leitor casual. Se acreditassem nisso, não teriam de escrever centenas de volumes tentando explicar as complexidades da interpretação, tanto em níveis teológicos quanto exegéticos. Antes, reformadores tentavam defender a ideia de que *existe sim* um sentido claro da Escritura cuja interpretação não é esotérica, mística ou alegórica, e que seria discernível apenas espiritualmente. Todo mundo podia ter acesso a esse sentido pleno (compare com a referência à Confissão de Fé de Westminster na proposição 17).

No decorrer de boa parte da história, estudiosos não tiveram acesso a informações do mundo antigo e, portanto, não podiam usá-las para sua interpretação. Mesmos os primeiros escritores cristãos se interessavam pelo material do mundo antigo (conforme indicado por referências frequentes a Beroso, sacerdote babilônico do terceiro século antes de Cristo), porém tinham recursos muito limitados. Entretanto, desde meados do século XIX, quando se iniciaram empreendimentos arqueológicos massivos no Iraque, mais de um milhão de textos cuneiformes foram escavados, expondo a literatura antiga através da qual podemos obter novas e importantes revelações acerca do mundo antigo. É isso que nos provê a base para a interpretação dos primeiros capítulos de Gênesis como documento antigo.

Ao abordarmos Gênesis como literatura antiga, não queremos rejeitar os *insights* de intérpretes que povoaram a história da Igreja. Ao mesmo tempo, reconhecemos que eles tiveram sua dose de equívocos. É verdade que credos e concílios nos ofereceram conclusões sobre questões-chave teológicas, e muitas dessas conclusões vieram a fazer parte do consenso da doutrina moderna. Contudo, só porque predecessores chegaram a conclusões diversas, desprezar novas compreensões na tentativa de interpretar os primeiros capítulos de Gêneses não tem sido a prática dos exegetas. Martinho Lutero começa seu primeiro capítulo de Gênesis alegando que, "até agora, não houve ninguém na Igreja capaz de explicar tudo no capítulo com a devida habilidade".[5] Portanto, não devemos ser dissuadidos de procurar novos conhecimentos, os quais, por sua vez, poderão nos levar a uma reinterpretação. Ao fazê-lo, seguimos nas pegadas dos intérpretes que nos precederam, mesmo que apoiados sobre os seus ombros.

---

[5] Cf. a discussão em Theo M. M. A. C. Bell, "Humanity Is a Microcosm: Adam and Eve in Luther's Lectures on Genesis (1534-45)" [A humanidade é um microcosmo: Adão e Eva nas aulas de Lutero sobre Gênesis] em *Out of Paradise: Eve and Adam and Their Interpreters* [Fora do paraíso: Eva e Adão e seus intérpretes], ed. B. Becking e S. Hennecke (Sheffield, Reino Unido: Phoenix Sheffield, 2011), p. 67-89.

Proposição 2

Gênesis 1—11 faz alegações sobre acontecimentos reais de um passado real

Nosso propósito neste volume é chegar a um entendimento adequado da interpretação da história do dilúvio, retratada em Gênesis 6—9. Uma interpretação apropriada inclui entendermos se a passagem descreve um dilúvio universal, um dilúvio local ou alguma outra coisa; a abrangência do dilúvio, porém, não é a questão mais importante. Visto que estamos primordial e essencialmente à procura da interpretação literário-teológica oferecida pelo texto, começamos com o contexto literário mais amplo da história do dilúvio, a saber, Gênesis 1—11. Antes de lidar com narrativas individuais, abordaremos um problema geral: o autor ou compilador desses capítulos intencionava que o leitor os considerasse acontecimentos ocorridos no tempo e no espaço?

A pergunta que queremos responder é se Gênesis 1—11 (capítulos que incluem a história do dilúvio) faz afirmações históricas.[1] Essa investigação envolve a identificação de um gênero ou tipo

[1] Há certo risco envolvido quando usamos o termo "histórico". O risco é que, de modo instantâneo, o leitor trará à mente tudo que diz respeito à prática da escrita histórica em nosso mundo moderno. No mundo antigo, autores relatavam acontecimentos de forma diferente. Neste livro, o termo "história" se refere à ideia básica de que a literatura no texto usa um acontecimento real em um passado real como referente para a narrativa.

literário desses capítulos no contexto de todo o livro de Gênesis. Que razão temos para supor que o autor de Gênesis tinha a intenção de nos falar acerca de acontecimentos passados reais?

Comecemos com a suposição, geralmente não disputada, de que o autor intenciona que o leitor (antigo e moderno) considere como históricas as narrativas dos patriarcas e de José.[2] A questão, então, é se Gênesis 1—11 também intenciona narrar ao leitor acontecimentos passados reais. Devido à diferença de estilo entre esses capítulos de abertura e o restante de Gênesis, tal continuidade tem sido contestada. É comum que o trecho de Gênesis 1—11 seja chamado de poesia, parábola ou até mesmo mito.[3]

Um importante ponto de continuidade, contudo, é encontrado na fórmula *toledot*, presente em todo o livro de Gênesis. *Toledot* é uma palavra hebraica traduzida por algo como "registro" em traduções portuguesas. A palavra ocorre em uma fórmula que pode ser traduzida como "este é o registro de X," no qual X é, com exceção da primeira ocorrência, um nome pessoal. A fórmula é mais bem entendida como referência (cf. Gênesis 5:1) a documentos escritos ou orais, usados pelo autor de Gênesis para compilar o livro. Afinal, mesmo que Moisés seja o autor de Gênesis, ele teria usado fontes mais antigas para falar sobre o passado distante. Devemos notar ainda que o "*toledot* de X" diz respeito à descendência de X. Assim, o *toledot* de Terá (Gênesis 11:27) introduz a história de Abraão, filho de Terá (Gênesis 11:27—25:11).

O primeiro *toledot* ocorre em Gênesis 2:4 e, em seguida, mais dez vezes: quatro vezes no restante de Gênesis 1—11 (5:1; 6:9 [o

---

[2] Não quer dizer necessariamente que seja história conforme a escreveríamos hoje, mas, antes, que sua intenção é que a narrativa seja histórica no sentido de registrar acontecimentos ocorridos dentro do espaço-tempo. Cf. John Van Seters, *Prologue to History: The Yahwist as Historian in Genesis* [Prólogo à história: o javista como historiador em Gênesis] (Louisville: Westminster John Knox, 1992).

[3] George W. Coats, *Genesis with an Introduction to Narrative Literature* [Gênesis com uma introdução à literatura narrativa], FOTL 1 (Grand Rapids: Eerdmans, 1983), p. 1-5.

toledot de Noé]; 10:1; 11:10) e seis vezes no restante do livro (11:27; 25:12, 19; 36:1, 9; 37:2). Em outras palavras, opinamos que a fórmula *toledot* demonstra de fato uma continuidade literária entre Gênesis 1—11 e Gênesis 12—50.

Além do mais, diríamos que a fórmula *toledot* remete a um interesse consistente em uma sequência cuidadosamente selecionada de acontecimentos passados. O compositor incorpora essas fontes como registros recebidos do passado para criar o próprio relato. Isso é válido tanto para Gênesis 1—11 tanto para Gênesis 12—50. Tal conclusão não significa necessariamente que o compositor não tenha modelado o *toledot* enquanto criava o texto conforme o conhecemos.

Discussões sobre os primeiros capítulos de Gênesis geralmente se concentram na questão de os relatos serem mitologia ou história. Embora ela seja importante, formulá-la dessa maneira pode não ser a melhor forma de abordá-la. Hoje, consideramos que o rótulo *mitologia* sugere que o que está sendo relatado não é "verdadeiro". No mundo antigo, porém, as pessoas não consideravam irreal o que chamamos de mitologia. Pelo contrário: elas criam que sua mitologia representava a realidade mais importante — a realidade profunda, que transcende o que pode ser relatado apenas em termos de acontecimentos ocorridos na esfera estritamente humana. De fato, pessoas da Antiguidade consideravam que mesmo acontecimentos na esfera humana, cujo relato podemos rotular de *história*, encontravam seu maior significado em aspectos do acontecimento que testemunhas oculares não conseguem ver: o envolvimento da mão divina.

Consequentemente, devemos hesitar em estabelecer uma dicotomia entre história (equivalendo a "real") e mitologia (equivalendo a "irreal"). Tal forma de pensar está sobrecarregada demais com categorias modernas para fazerem jus à literatura antiga, seja ela bíblica, seja secular. A realidade mais profunda, aquela que é mais verdadeira, não deve ser restringida pelo que testemunhas oculares podem atestar ou demonstrar como se tivesse "realmente acontecido". Podemos afirmar que relatos em Gênesis 1—11 têm como referentes os acontecimentos, mas que os acontecimentos em si (sim, eles ocorreram) encontram seu significado na interpretação fornecida pelo texto bíblico. Esse significado não é encontrado em sua historicidade, mas em sua teologia; não *no que* aconteceu (ou mesmo se *de fato* aconteceu), mas *no porquê* de ter acontecido. O que Deus estava fazendo? É nessa pergunta que o significado deve ser encontrado.

Defesas de historicidade podem se tornar reducionistas se nos preocuparmos demais em provar a realidade dos acontecimentos em vez de aceitar a interpretação do significado teológico traçada pelo autor. O texto não tem interesse algum em provar a veracidade dos acontecimentos. Ele apenas parte do pressuposto de que ocorreram, assim como nós fazemos. Antes, o texto oferece uma interpretação que constitui a mensagem divino-humana, e é essa interpretação que carrega a autoridade do texto. Acontecimentos não são autoritativos; a interpretação do narrador, sim.

Tendo sugerido que a intenção do narrador é que o leitor creia que Gênesis 1—11 tem como referentes acontecimentos reais, precisamos ainda considerar mais detalhadamente como israelitas no mundo antigo pensavam a respeito desses acontecimentos.

Propomos que, em diversos aspectos, eles não pensavam sobre esses acontecimentos da mesma forma que pensamos hoje. No mundo antigo, pessoas viam a realidade com um olhar no mundo metafísico (espiritual), não apenas através das lentes do empirismo. Consequentemente, o papel da testemunha ocular não era tão valorizado. Enxergar acontecimentos através de uma lente que incluía não somente o mundo humano, mas também o espiritual, significava que categorias por nós rotuladas como *místicas* e *míticas* sobrepunham-se de maneira indiscernível e inseparável com o que chamamos de "mundo real". Na visão dos antigos, *acontecimentos* consistiam em algo mais do que aquilo sobre o qual nos referimos como *história*.

Apesar, porém, de toda essa visão expandida, sua percepção dos acontecimentos não lhes era menos real. Como nós, os antigos podiam ter acontecimentos por referentes de um relato narrativo e, ainda assim, vê-los de maneira diferente do modo que o entendemos. Comparado com o mundo de hoje, o mundo da Antiguidade como um todo processava o conhecimento de forma diferente;[4] uma das expressões desse fato é que os antigos não faziam distinção entre mito e história. Para eles, ambos estão envolvidos nos acontecimentos e na realidade. Uma vez que os israelitas compartilhavam de uma forma de pensar semelhante, eles não distinguiriam entre essas duas formas de conhecimento. Se for esse o caso, declarar que consideravam o dilúvio um acontecimento real não é tão esclarecedor quanto esperaríamos. Não podemos estabelecer distinções a respeito de uma narrativa na qual estamos interessados se eles não traçam suas linhas nos mesmos lugares que nós.

Quando falarmos de acontecimentos — e, mais importantemente, de relatos de acontecimentos — será útil imaginar um espectro entre metafísico e empírico.

Metafísico ————|———— Empírico

[4] Marc Van de Mieroop, *Philosophy Before the Greeks* [Filosofia antes dos gregos] (Princeton: Princeton University Press, 2016). Cf. também Gebhard J. Selz, ed., *Empirical Dimension of Ancient Near Eastern Studies* [Dimensões empíricas de estudos do Antigo Oriente Próximo] (Viena: LIT Verlag, 2011), especialmente seu artigo "Remarks on the Empirical Foundation and Scholastic Traditions of Early Mesopotamian Acquisition of Knowledge" [Observações sobre o fundamento empírico e as tradições escolásticas dos primórdios da aquisição mesopotâmica do conhecimento], p. 49-70. Cf. particularmente o seguinte trecho extraído de sua conclusão: "A atitude dos antigos mesopotâmicos em relação à aquisição de conhecimento estava geralmente fundamentada em seu conceito de 'empirismo'. Principais diferenças em relação aos conceitos modernos podem ser atribuídas a uma noção diferente de 'realidades': em particular, a distinção entre a primeira ordem e ordens subsequentes de realidade nunca adquiriu saliência no pensamento mesopotâmico" (p. 61).

Relatos de acontecimentos estão em uma escala móvel. Em nosso rio cultural moderno, história é considerada inteiramente empírica e, de fato, apenas o empírico é considerado real. A apologética, desse modo, envolve-se com o empírico. Relatos de acontecimentos em Gênesis 1—11 dizem respeito ao que pode ser chamado de "eventos cósmicos", o que significa que pendem muito mais para o lado metafísico do espectro. Diferentemente, porém, do que chamamos de mito do mundo antigo — o qual consideramos não ter nenhum aspecto empírico e, assim, localizamo-lo na extremidade metafísica do espectro — Gênesis 1—11 retém alguns aspectos empíricos.[5] Quando os comparamos com Gênesis 12—50, descobrimos que o relato dos acontecimentos relativos aos patriarcas é, ao longo do espectro, empurrado mais em direção ao lado empírico. Mesmo assim, o metafísico continua mais importante do que o empírico. Ao contrário de muitos em nosso rio cultural moderno, consideramos aspectos metafísicos tão reais quanto os empíricos. Quanto mais o relato de um acontecimento pende para um lado ou para o outro no espectro, menos o outro aspecto pode ser detectado. Se o relato está mais interessado no metafísico, então nossa análise do relato deve se concentrar mais nos aspectos metafísicos.

Não é tão importante o ponto preciso onde localizamos um relato no espectro; entretanto, é importante perceber que ambos os aspectos são parte de como os antigos viam acontecimentos. Também é importante notar que não devemos pensar nos aspectos metafísicos e empíricos como que somando a 100%, constituídos, digamos, de 36% de um e 64% de outro. Categorias assim não podem ser caracterizadas como distintas uma da outra.

Por esse motivo, mesmo que afirmemos que um autor imaginava esses acontecimentos como reais e tendo ocorrido em um passado

[5] Mesmo o uso de um espectro para comunicar essas ideias é incorreto, visto que as pessoas do mundo antigo não distinguiriam como polos opostos. Ambos estariam plenamente integrados um ao outro. Nosso uso do espectro como representação é apenas para fins de explicação.

real, reconhecemos que eles teriam visto acontecimentos e realidade de maneira diferente de nós e, portanto, dariam um testemunho diferente do modo como o faríamos.[6] Seu testemunho está interessado predominantemente em aspectos metafísicos.[7] Isso é particularmente verdade acerca de acontecimentos cósmicos, como o dilúvio. Devemos manter isso em mente à medida que decidimos qual deve ser o foco mais apropriado para a nossa análise textual.

---

[6] Um ponto semelhante foi feito em relação à iconografia. "O AOP [Antigo Oriente Próximo] criava imagens conceituais em vez de perceptuais. Não é tanto uma questão do que é visto, mas do que o observador deve ver ou perceber — uma noção ou símbolo que foi comunicada ou supostamente comunicada. Imagens não são sempre realistas nem históricas no sentido de representarem a realidade. O que realmente importa não é como certo governante ou personalidade histórica realmente se parecia, ou o que realmente aconteceu, mas (por exemplo) a 'ideia' do reinado que é comunicada. Isso é importante, pois significa que a iconografia fornece informações do *mundo das ideias* do AOP." I. Cornelius, "An introduction to Ancient Near Eastern Iconography" [Uma introdução à iconografia do Antigo Oriente Próximo], em *BSOT*.

[7] Considere como isso era assim, mesmo na história mais recente — por exemplo, no modo como relatos de acontecimentos relacionados a Joana d'Arc integram aspectos de suas batalhas e visões. Mesmo no século XXI, vestígios desse pensamento permanecem. Quando um grande tsunami atingiu a Indonésia em 2004, matando dezenas de milhares, fotografias após o acontecimento mostravam áreas totalmente devastadas, onde apenas mesquitas haviam sobrado (pessoas encontraram refúgio nesses lugares). Mulçumanos fiéis não estavam persuadidos de que mesquitas sobreviveram por serem construções mais robustas. Antes, estavam convencidos de que Alá poupara as mesquitas e as pessoas dentro delas. Para eles, o empírico é temperado pelo metafísico. Edward Harris, "Sturdy Mosques Survived Tsunami" [Mesquitas robustas sobrevivem ao tsunami], *Seattle Times*, 14 de janeiro de 2005, www.seattletimes.com/nation-world/sturdy-mosques-survived-tsunami.

Proposição 3

Gênesis 1—11 emprega recursos retóricos

Nas proposições anteriores, exploramos aspectos que sinalizavam ao leitor que Gênesis 1—11, a começar da Criação e da Queda, consiste em acontecimentos fatuais, ocorridos no tempo e no espaço. Em outras palavras, o autor de Gênesis quer que o leitor entenda que ele está escrevendo sobre o passado real.

Entretanto, também notamos sinais claros de que a escrita, enquanto referencial, não está particularmente interessada em *relatar* o acontecimento de modo a nos permitir *reconstruí-lo*, porém se concentra em sua *interpretação*. Mais precisamente, o autor retrata o acontecimento de modo a promover sua mensagem teológica.

Essa observação não é apenas verdadeira em relação a Gênesis 1—11, mas também a toda história bíblica — na verdade, em relação a toda história. Escrever sobre acontecimentos, isto é, fazer *história*, é sempre um ato interpretativo; o autor nos dá sua perspectiva sobre o acontecimento através de seleção e ênfase. A escrita não nos remete necessariamente a um entendimento completo e imparcial do acontecimento em si. Podemos obter um conhecimento adequado de algo que aconteceu e sermos motivados a contá-lo, mas não sem juízo de valor ou parcialidade.

Toda escrita histórica é modelada retoricamente. Autores não podem ser exaustivos em sua narrativa do acontecimento; assim, escolhem o que é importante, ou, melhor dizendo, o que pensam ser importante a respeito do acontecimento. Desse modo, autores proveem a perspectiva através da qual escutamos ou lemos sobre o acontecimento.

Além do mais, autores contam a história a partir de sua visão de mundo, razão pela qual estudiosos bíblicos que trabalham a partir do método histórico-crítico não endossam a descrição do passado oferecida pelos historiadores bíblicos. Afinal, o método histórico-crítico opera dentro de uma perspectiva que desqualifica imediatamente a visão de mundo sobrenatural dos autores bíblicos, que recontam o passado com uma percepção robusta do envolvimento de Deus no mundo. Talvez o compromisso mais devastador do método histórico-crítico à visão de mundo bíblica seja o princípio da analogia, que requer que o historiador trate como plausíveis apenas acontecimentos passados que se conformam com a experiência presente.[1] Por isso, rejeitamos a abordagem histórico-crítica da história do dilúvio por não honrar o fato de que a história é narrada a partir do ponto de vista dos autores bíblicos. Somos mais inclinados a concordar com Ziony Zevit, insistindo que certa qualificação é necessária em relação ao modo pelo qual o ceticismo (característica da abordagem histórico-crítica) pode ser exercido como hermenêutica histórica. Em lugar do método histórico-crítico, Zevit apela a uma abordagem cujo principal teste deve ser a negação plausível. Isto é: "tudo aquilo que não é efetivamente desmentido ou refutado deve ser considerado verdadeiro".[2]

---

[1] Segundo remete John J. Collins em *The Bible After Babel: Historical Criticism in a Postmodern Age* [A Bíblia depois de Babel: crítica histórica em uma era pós-moderna] (Grand Rapids: Eerdmans, 2005), o método histórico-crítico, abordagem usada por ele mesmo, é construído na história da filosofia apresentada por Ernst Troeltsch ("Über historische und dogmatische Methode in der Theologie" [Acerca do método histórico e dogmático em teologia] em *Gesammelte Schriften*) [Tubinga: Mohr, 1913]). Em inglês, cf. "Historiography" [Historiografia] em *Encyclopedia of Religion and Ethics* [Enciclopédia de religião e ética], ed. James Hastings et al. (Nova York: Scribner's, 1914), 6:716-23.

[2] Ziony Zevit, *Religions of Ancient Israel* [Religiões do Israel antigo] (London: Continuum, 2001), 78-79. Devemos notar que Zevit está citando Leona Toker, "Toward a Poetics of Documentary Prose — From the Perspective of Gulag

Assim, narradores bíblicos falam a partir de sua visão de mundo, selecionando e enfatizando aspectos do passado que comunicam seu interesse em Deus e no relacionamento entre Deus e suas criaturas humanas. Por essa razão, é apropriado nos referirmos a esses livros bíblicos que olham para o passado como histórias teológicas.

Ademais, historiadores, incluindo escritores bíblicos que escreviam sobre o passado, fazem mais do que simplesmente relatar acontecimentos (ou seja, apenas os fatos); eles interpretam o significado dos acontecimentos. Enfatizamos mais uma vez: autores bíblicos não estão interessados em fornecer o que precisamos para recriar acontecimentos em sua forma factualmente pura, mas em usar o acontecimento como meio de comunicar sua mensagem teológica. É a mensagem teológica que carrega a autoridade de Deus sobre eles conferida. Acontecimentos não são inspirados; interpretações dos acontecimentos é que são. Autores bíblicos nos dão um relato seletivo e interpretativo do passado com o objetivo de apresentar sua mensagem teológica, o que é bem confirmado pela seguinte citação do escritor do evangelho: "Jesus realizou na presença dos seus discípulos muitos outros sinais miraculosos, que não estão registrados neste livro. Mas estes foram escritos para que vocês creiam que Jesus é o Cristo, o Filho de Deus e, crendo, tenham vida em seu nome" (João 20:30-31).

Usemos a fala de Jesus como um exemplo narrativo extraído do Novo Testamento. Tanto Mateus quanto Lucas registram um sermão proferido por Jesus que inclui uma seção conhecida como "Bem-aventuranças", assim como ensinos sobre amar inimigos, não julgar outros, a árvore e seu fruto e o construtor sábio e tolo (compare Mateus 5—7 com Lucas 6:14-49). O ensino em Mateus é muito mais extenso do que em Lucas, e também há outras diferenças, mas

---

Testimonies" [Em busca de uma poética da prosa documentarista — da perspectiva dos testemunhos de Gulag] *Poetics Today* 18 (1997): p. 190-92, 194. Na realidade, também é provável que Zevit não considerasse o relato do dilúvio ocupando a mesma categoria do testemunho histórico que ele estava discutindo.

ilustraremos nossa ideia com um detalhe relacionado à localização do sermão.

Enquanto Jesus proferiu seu sermão "num lugar plano", segundo Lucas 6:17, Jesus, de acordo com Mateus, "subiu ao monte" para ensinar (Mateus 5:1). Podemos de fato reconstruir o cenário onde o sermão foi pregado? Podemos especular, mas não ter certeza. Alguns acreditam que Jesus falou em um lugar plano na montanha. Talvez. Mais uma vez, porém, não podemos recriar com certeza o acontecimento histórico subjacente ao texto, embora estamos certos em afirmar que houve um acontecimento histórico por trás do texto.

O mais importante é a mensagem teológica, comunicada por essa apresentação, retoricamente modelada, do acontecimento histórico. Qual o significado do lugar de onde Jesus proferiu o sermão? Podemos facilmente identificar o propósito teológico de Mateus se nos lembrarmos de que o apóstolo direciona seu evangelho a leitores cristãos judeus. A localização do Sermão do Monte, conforme viemos a conhecê-lo, contribui para a apresentação de Jesus como o cumprimento do êxodo.[3] Depois de ter sido batizado no rio Jordão (sua travessia do mar Vermelho) e tentado no deserto por quarenta dias e quarenta noites (como os israelitas, que passaram quarenta anos no deserto), Jesus então escolhe doze discípulos (refletindo as doze tribos de Israel) e, em seguida, profere o Sermão do Monte, no qual fala a respeito da lei. Nenhum judeu cristão deixaria de percebê-lo. O fato de Jesus falar sobre a lei em uma montanha os levaria a pensar em Deus entregando a lei a Moisés no monte Sinai. Paralelos com o êxodo continuam e culminam na crucificação de Jesus à véspera da Páscoa, celebração anual do êxodo.

Com esse pano de fundo em mente, retornamos a Gênesis 1—11, passagem que particularmente impressiona pelo uso amplo e intenso de linguagem figurativa, empregada na descrição de eventos

---

[3] Tremper Longman III, *How to Read Exodus* [Como ler Êxodo] (Downers Grove: InterVarsity Press, 2009), p. 145-55.

passados. Quando falamos de linguagem *figurativa*, incluímos o uso intencional pelo autor de recursos retóricos e literários, tais como metáfora e hipérbole, a fim de transmitir sua ideia. Cremos e defendemos o pensamento de que uma leitura verdadeiramente literal de Gênesis 1—11, ou de qualquer narrativa, reconhece a linguagem figurativa quando intencionada pelo autor. Procuraremos evitar os rótulos *literal* em oposição a *não literal* porque algumas pessoas creem que uma leitura literal não credita a linguagem figurativa ou metafórica como tal; segundo elas, a leitura literal do texto não deve incluir linguagem figurada. Não acreditamos que tais leituras sejam literais, e sim erradas, visto que não levam em conta a linguagem da forma como foi intencionada pelo autor.

Como sabemos quando um autor intenciona ser figurativo? Nem sempre é fácil, mas, às vezes, um argumento forte e convincente é que a leitura mais natural de determinada passagem é claramente figurativa. Podemos dizer que essa leitura é a mais natural porque temos de trabalhar duro para considerá-la de qualquer outra forma.

O Salmo 23, por exemplo, começa assim: "O SENHOR é o meu pastor". Até onde sabemos, todo mundo entende a frase como uma declaração figurativa — no caso, uma representação metafórica de Deus como aquele que protege, guia e supre as necessidades do seu povo. Consequentemente, uma interpretação literal a entende como declaração de uma metáfora. Por quê? Porque o salmista não era uma ovelha, mas um ser humano. Deus age em relação ao salmista como o pastor age em relação à ovelha.

Existe alguma linguagem figurativa clara em Gênesis 1—11? Primeiro, devemos dizer que há diversos itens que quase todo mundo concordaria serem figurativos. Uma lista parcial incluiria a descrição de animais saindo da terra (Gênesis 2:19), a descrição de Deus "abrindo" os olhos de Adão e Eva (Gênesis 3:7) e a declaração de Deus a Caim de que o sangue de Abel clamava do solo (Gênesis 4:10).

Todavia, cremos que outras características mais polêmicas das histórias são modeladas retoricamente, não apresentadas para que o leitor reconstrua os acontecimentos que ocorreram no passado. Podemos discernir essas passagens como modeladas retoricamente pelo fato de que, quando intérpretes negam seus aspectos figurativos, eles têm muita dificuldade em fornecer outra leitura não figurativa.

Vejamos um exemplo que tem sido óbvio para a maioria desde o princípio da história da interpretação, porém negado pelos chamados criacionistas da Terra jovem — a saber, os dias de Gênesis 1. Não há dúvida de que a criação é descrita como uma semana comum de seis dias de trabalho, contendo um dia de descanso; contudo, há também indícios de que o autor não intenciona que usemos o relato para reconstruir um processo de criação de uma semana. Na verdade, o molde retórico nos ajuda a ver que a narrativa da criação não nos apresenta uma exposição de origens materiais, mas, antes, iguala a criação aos sete dias de inauguração de um templo.[4]

Uma leitura literal de Gênesis 1 deve convencer imediatamente o leitor de que os seis dias da criação não têm o objetivo de serem entendidos como dias de 24 horas, com tarde e manhã fatuais. Afinal, sol, lua e estrelas não passam a existir (ou não são feitos funcionais) senão no quarto dia. Orígenes, um dos pais da Igreja, observa:

> Pergunto: a qual pessoa inteligente a narrativa soa logicamente consistente quando diz que houve "primeiro dia", "segundo dia" e "terceiro dia", assim como "tarde" e "manhã", quando não há sol, nem lua, nem estrelas — e, no caso do primeiro dia, sem céu?

Orígenes, admitimos, está sendo um pouco duro em sua declaração, visto que realmente há pessoas inteligentes que acreditam que Gênesis 1 descreve dias literais, a despeito da ausência de corpos

[4] Apresentado amplamente por John H. Walton, *The Lost World of Genesis One* [O mundo perdido de Gênesis 1] (Downers Grove: InterVarsity Press, 2009).

celestes. O problema é que talvez elas vejam a si mesmas como inteligentes (ou espertas) além da conta!

Diversas explicações um tanto criativas foram apresentadas a fim de preservar a visão de que esses dias descrevem a criação de Deus em períodos de 24 horas. Uma explicação afirma que Deus simplesmente usou outras formas de luz (já que a luz é trazida à existência no primeiro dia). Em resposta, remetemos ao fato de que tarde e manhã são definidos pelo nascer do sol e seu ocaso, não por alguma outra fonte hipotética de luz, ligada e desligada por Deus em um ciclo de 24 horas. Outro ponto de vista sugere que sol, lua e estrelas foram na verdade criados no primeiro dia (como parte da luz), mas que a história é contada da perspectiva de alguém vivendo na Terra; por isso, embora criados de antemão, esses corpos celestes podiam ser vistos pela primeira vez apenas no quarto dia. Mas por que narrar a história dessa maneira quando no quarto dia não havia seres humanos para perceber o sol, a luz e as estrelas?

Esses são exemplos do que queremos dizer com "dificuldade em provar". É muito mais natural ler os dias da criação não como uma semana fatual, mas como uma descrição figurativa da criação baseada na semana comum de trabalho no tempo em que a narrativa de Gênesis foi escrita.

Orígenes, porém, não para com os dias da criação; ele prossegue para vilipendiar aqueles que não reconhecem a linguagem figurativa de Gênesis 3:

> Quem é simplório o bastante para crer que, como um agricultor qualquer, "Deus [plantou] um jardim no Éden, para os lados do leste" e então plantou nele a "árvore da vida", uma árvore visível e capaz de ser tocada, de modo que alguém poderia comer dessa árvore com dentes físicos e obter vida, ou ainda comer de outra árvore e receber o conhecimento do "bem e do mal?" Além disso, o texto nos diz que Deus passeava no jardim na viração do dia e que Adão se escondeu debaixo de uma árvore. Certamente, penso que ninguém duvida que essas

declarações são feitas pela Escritura em forma figurada e remetem a certos mistérios.[5]

Mais uma vez, enfatizo que não concordamos com o estilo um tanto insultante de Orígenes, embora ele certamente esteja correto na ideia de que o autor de Gênesis esperasse que seu público entendesse que estava descrevendo um acontecimento histórico (rebelião humana contra Deus, explicação para a entrada do pecado e da morte no mundo, conforme Paulo deixará claro em Romanos 5:12-20), porém pelo uso de linguagem figurada.[6]

Adicionamos aos exemplos de Orígenes uma referência a Gênesis 2:7: "Então o Senhor Deus formou o homem do pó da terra e soprou em suas narinas o fôlego de vida, e o homem se tornou um ser vivente". Tal descrição acerca da criação do primeiro homem é claramente figurativa, uma vez que percebemos que Deus é um ser espiritual e não tem pulmões.

Deus poderia ter assumido forma humana para soprar nas narinas do homem? Pensamos que sim. Mas por que ele faria isso? Por que devemos presumir que o autor antigo tinha qualquer interesse em nos dizer como Deus fez isso de fato?

Gênesis 1—2 informa maravilhosamente ao leitor que Deus criou tudo, incluindo a humanidade. A descrição da criação do

---

[5] Orígenes, *On First Principles* [Sobre os princípios] 4.3.1, citado e discutido em Conor Cunningham, *Darwin's Pious Idea: Why the Ultra-Darwinists and Creationists Both Get It Wrong* [A ideia piedosa de Darwin: por que tanto ultradarwinistas quanto criacionistas estão errados] (Grand Rapids: Eerdmans, 2010), p. 381-82.

[6] Meu propósito em citar Orígenes não é aprovar sua abordagem hermenêutica geral, objetada por muitos evangélicos protestantes, mas demonstrar que muitos líderes nos primórdios da Igreja, embora nem todos, reconheciam a natureza figurativa da narrativa da criação. Para aqueles que acham Agostinho mais útil (incluindo muitos cristãos reformados, devido à sua enorme influência sobre Calvino), podemos adicioná-lo como testemunha, visto que ele nega que os dias da criação são "dias solares" (Augustine [Agostinho], *The Literal Meaning of Genesis* [O sentido literal de Gênesis], 2 vols. [Mahwah: Paulist, 1982], p. 154, citado em Cunningham, *Darwin's Pious Idea*, p. 296).

primeiro homem em Gênesis 2:7 também faz uma declaração importante sobre o relacionamento entre Deus, a humanidade e a própria criação. A imagem de Deus apanhando o pó da terra para fazer o ser humano demonstra que a humanidade é parte da criação. O fato de o narrador descrever Deus soprando no pó com o objetivo de vivificar o ser humano mostra nosso relacionamento especial com o Senhor.[7]

Enquanto cremos que a linguagem figurativa óbvia em Gênesis 1—11 é suficiente para provar nossa ideia de que acontecimentos históricos subjacentes ao texto são moldados retoricamente pelo autor, adicionamos ainda outra característica figurativa desses capítulos que aponta para a mesma direção: anacronismos.

Anacronismo representa algo em um período diferente do seu — na verdade, em um tempo quando não poderia ter existido (tal como um filme da Segunda Guerra Mundial contendo telefone celular ou computadores). Os primeiros capítulos de Gênesis contêm inúmeros anacronismos claros a qualquer um, exceto àqueles que se recusam a prestar atenção na evidência que temos do mundo antigo. Uma lista ilustrativa, mas não exaustiva, inclui os seguintes exemplos:

1. O cuidado de animais domesticados ocorrendo na segunda geração da humanidade (Gênesis 4:2-5).
2. A construção da primeira cidade na segunda geração da humanidade (Gênesis 4:17).
3. Instrumentos musicais na oitava geração (Gênesis 4:21).
4. Confecção de ferro e bronze na oitava geração (Gênesis 4:22).

---

[7] Cf. a proposição 7, que descreve a conexão entre Gênesis 2:7 e textos babilônicos antigos sobre a criação. Esses textos nos ajudam a entender mais profundamente o porquê de o autor bíblico ter escolhido essa descrição particular para a criação do primeiro homem.

Ressaltamos esses anacronismos pois eles sugerem o seguinte: por razões teológicas, acontecimentos reais estão sendo modelados retoricamente. Autores bíblicos não estão interessados na descrição desses acontecimentos conforme os veríamos em uma gravação de vídeo.

Na proposição 5, reservamos uma discussão específica sobre o uso da linguagem figurada empregada na narrativa do dilúvio. Entretanto, exemplos de Gênesis 1—3 têm o propósito de mostrar que a história primeva modela retoricamente, para propósitos teológicos, a apresentação de fatos que realmente aconteceram no passado. O autor não está particularmente interessado em nos fornecer dados a partir dos quais podemos reconstruir o acontecimento subjacente ao texto com qualquer tipo de detalhe. Antes, o autor deseja que entendamos o significado teológico desses acontecimentos e, para tanto, emprega linguagem figurada, que era realmente reconhecida pelo leitor antigo — e que leitores modernos também deveriam reconhecer.

Proposição 4

A Bíblia usa hipérbole para descrever acontecimentos históricos

Uma das figuras de linguagem mais importantes na retórica da narrativa do dilúvio é a hipérbole. Demonstraremos que a Bíblia não hesita em descrever acontecimentos históricos de maneira hiperbólica com o objetivo de produzir um efeito no leitor e, assim, estabelecer determinada ideia teológica. Certamente, a narrativa sobre o dilúvio não é o único exemplo de hipérbole.

A descrição da conquista da terra prometida em Josué 1—12 é um caso em questão. A passagem retrata a total e completa conquista da terra prometida, que seria contrariada em Josué 13—24 e Juízes 1, a menos que o leitor entenda, conforme o público do mundo antigo entenderia, que Josué 1—12 apresenta um relato hiperbólico, cujo propósito é estabelecer uma importante ideia teológica.

Após preparação militar e especialmente espiritual, Josué guia os israelitas à terra prometida. Apesar de reveses temporários, o narrador afirma que, graças à presença de Deus, o guerreiro divino, Israel logrou grande sucesso no campo de batalha. Ao final da descrição de diversos conflitos, obtemos a seguinte súmula:

> Assim Josué conquistou a região toda, incluindo a serra central, o Neguebe, a Sefelá e as vertentes, e derrotou todos os seus reis, sem deixar sobrevivente algum. Exterminou tudo o que respirava, conforme o SENHOR, o Deus de Israel, tinha ordenado. Josué os derrotou desde

> Cades-Barneia até Gaza, e toda a região de Gósen, e de lá até Gibeom. Também subjugou todos esses reis e conquistou suas terras numa única campanha, pois o Senhor, o Deus de Israel, lutou por Israel (Josué 10:40-42).

Ao final da próxima série de conflitos, vencidos pelos israelitas com a ajuda de Deus, o narrador fornece mais um resumo:

> Assim Josué conquistou toda aquela terra: a serra central, todo o Neguebe, toda a região de Gósen, a Sefelá, a Arabá e os montes de Israel e suas planícies, desde o monte Halaque, que se ergue na direção de Seir, até Baal-Gade, no vale do Líbano, no sopé do monte Hermom. Ele capturou todos os seus reis e os matou (Josué 11:16-17).

No mesmo capítulo, pouco depois, o narrador adiciona: "Foi assim que Josué conquistou toda a terra, conforme o Senhor tinha dito a Moisés, e deu-a por herança a Israel, repartindo-a entre as suas tribos" (Josué 11:23). Josué 12 dá então uma longa declaração resumida de toda a guerra bem-sucedida nos territórios da Transjordânia e Cisjordânia.

Se lermos Josué 1—12 como um relato direto e objetivo das guerras de Josué, concluiremos que toda Canaã foi tomada por Israel e que não restou sobreviventes entre os cananeus — a menos que algum deles, como Raabe, tenha ido para o lado israelita.

Mas tudo que devemos fazer é ir para o próximo capítulo de Josué:

> Sendo Josué já velho, de idade bastante avançada, o Senhor lhe disse: "Você já está velho, e ainda há muita terra para ser conquistada.
>
> Esta é a terra que resta: todas as regiões dos filisteus e dos gesuritas; desde o rio Sior, próximo ao Egito, até o território de Ecrom, ao norte, todo esse território considerado cananeu. Abrange a região dos aveus, isto é, dos cinco chefes filisteus, governantes de Gaza, de Asdode, de Ascalom, de Gate e de Ecrom. Resta ainda, desde o sul, toda a terra dos

> cananeus, desde Ara dos sidônios até Afeque, a região dos amorreus, a dos gibleus e todo o Líbano, para o leste, desde Baal-Gade, ao pé do monte Hermom, até Lebo-Hamate.
>
> Todos os habitantes das montanhas, desde o Líbano até Misrefote-Maim, isto é, todos os sidônios; eu mesmo os expulsarei da presença dos israelitas" (Josué 13:1-6).

Um Atlas bíblico mostrará visualmente que essa descrição abrange um bom pedaço de terra.[1] Na verdade, uma estimativa aproximada colocaria o nível de sucesso em torno de, no máximo, cinquenta porcento. Além disso, restavam ainda algumas cidades importantes, descritas como tendo sido conquistadas por Israel, permanecendo firmes na terra dos cananeus, particularmente Jerusalém e Hebrom; ambas, porém, são mencionadas na lista de reis derrotados de Josué 12 (cf. v. 10).

De acordo com Juízes 1, não houve uma mudança drástica de situação, mesmo "depois da morte de Josué" (Juízes 1:1). A passagem nos mostra que uma grande faixa do território cananeu ainda estava por ser conquistada. Na verdade, Canaã só foi subjugada por completo na época de Davi, muitos séculos depois. O autor usa intencionalmente uma linguagem universalista e pretende transmitir, de forma retórica, que a conquista foi completa; contudo, o relato não corresponde com o escopo geográfico da conquista, mas apenas com seu significado. Assim, o texto usa a hipérbole para estabelecer uma determinada ideia teológica.

A ênfase sobre a conquista total de Josué 1—12 e o reconhecimento de que ainda há muita terra a ser conquistada em Josué 13—24 e Juízes 1 leva alguns estudiosos a questionar qual das duas passagens serve como representação confiável do que realmente aconteceu. Muitos estudiosos que fazem essa pergunta respondem que a narrativa de Josué 13—24 e Juízes 1 se aproximam mais da

---

[1] Cf., por exemplo, Barry J. Beitzel, *The New Moody Atlas of the Bible* [Novo Atlas Moody da Bíblia] (Chicago: Moody Publishers, 2009), mapas 42 e 43 (p. 128-29).

verdade, enquanto o trecho de Josué 1—12 apresenta uma conquista idealizada com foco teológico. Outros ainda tentam encontrar um meio de harmonizar os dois relatos, sugerindo que talvez a terra tenha sido completamente tomada e depois perdida, apenas apresentando a necessidade de ser conquistada mais uma vez.

Ambas as estratégias, porém, de relacionarmos os textos de Josué 1—12, Josué 13—24 e Juízes 1 são desnecessárias quando entendemos que o historiador bíblico pode empregar a hipérbole a fim de comunicar uma mensagem teológica importante.[2]

Em primeiro lugar, concordamos que Josué 13—24 e Juízes 1 retratam de forma acurada os sucessos e as lutas envolvidos na tomada da terra. Cremos que, em vez de tentar harmonizar os dois relatos de maneira superficial, devemos procurar reconhecer que o autor de Josué enfatizou relatos de vitória e omitiu reveses e derrotas com o objetivo de celebrar o início do cumprimento da promessa abraâmica da terra. Segundo expresso por Marten Woudstra: "Um ar de otimismo alegre permeia o livro de Josué. Sua tônica é o cumprimento da promessa feita aos antepassados em relação à posse da terra de Canaã".[3]

Desse modo, narrativas da conquista estão interessadas nas campanhas de sucesso, já que elas demonstram que Deus estava cumprindo a promessa da terra, feita em Gênesis 12:1-3. Séculos haviam se passado desde que essa promessa fora dada; por isso, podemos imaginar o regozijo que acompanhava essas vitórias, alcançadas pelo auxílio divino.

Temos, assim, nas passagens da conquista e distribuição de terra às tribos, bem como na abertura de Juízes, um tratamento dos

---

[2] Cf. a discussão em John H. Walton e J. Harvey Walton, *The Lost World of the Israelite Conquest* [O mundo perdido da conquista israelita] (Downers Grove: InterVarsity Press, 2017), p. 178.

[3] Marten H. Woudstra, *The Book of Joshua* [O livro de Josué], NICOT (Grand Rapids: Eerdmans, 1981), p. 32.

primeiros dias da presença israelita em Canaã. É por isso que o escritor bíblico destaca Josué 1—12 pelo uso da hipérbole.

Devemos, por fim, ressaltar o trabalho importante de Lawson Younger sobre o *background* do Oriente Próximo nos relatos de conquista de Josué. O autor apresenta muitos exemplos, explorando sua tese de que a hipérbole era uma característica esperada nos relatos de batalhas do Egito, da Assíria e da Babilônia — de todas as nações, enfim, que circundavam Israel.[4] Conforme ele expõe: "Assim como outros relatos de conquista do Antigo Oriente Próximo, a narrativa bíblica faz uso de sintagmas hiperbólicos e estereotipados como forma de intensificar o relato".[5] Dentre os diversos exemplos do Egito, ele cita a estela de Tutmés III, localizada em Gebel Barkal:

> O grande exército de Mitani,
> É derrotado em um piscar de olhos.
> Perece completamente no fogo,
> Como se nunca tivesse existido [lit. "o fim"].[6]

Ou podemos adicionar uma referência à estela de Merneptá, em Israel: "Yanoam é desfeito em inexistência; Israel está desolado, sua semente já não existe".[7]

Reconhecemos que alguns leitores terão dificuldade com a presença de hipérbole na Escritura, mesmo se for tão óbvia quanto aquela vista em um texto como o de Josué 1—12. Concluímos, porém, com um lembrete de que a doutrina evangélica da inerrância

---

[4] K. Lawson Younger, *Ancient Conquest Accounts: A Study in Ancient Near Eastern and Biblical History Writing* [Relatos de conquista antiga: estudo sobre o Antigo Oriente Próximo e a escrita da história bíblica] (Sheffield: JSOT Press, 1990), p. 190-92.

[5] Ibid., p. 228.

[6] Ibid., p. 191.

[7] Extraído de "*The (Israel) Stela of Merneptah*" [Estela de Merneptá (de Israel)], trans. por James K. Hoffmeier, COS 2:41. Younger, *Ancient Conquest Accounts* [Relatos antigos de conquista], p. 191, cita a primeira linha sobre Yanoam.

da Escritura alega a veracidade completa da Palavra, em tudo o que ela ensina ou afirma. A ideia que desejamos estabelecer é que autores bíblicos às vezes empregavam a hipérbole em seu material, esperando que seus leitores a reconheceriam. Em outras palavras, a hipérbole é uma convenção de escrita, usada por autores antigos para o estabelecimento de importantes pontos teológicos. Essa visão de inerrância é aceitável ao protestante evangélico e pode ser substanciada pela citação da Declaração de Chicago sobre Inerrância Bíblica, a declaração-padrão da doutrina, escrita por teólogos evangélicos e eruditos bíblicos em 1978. No artigo 13, o documento, em uma série de afirmações e negações, declara:

> Afirmamos a propriedade de usar "inerrância" como o termo teológico referente à total veracidade da Escritura.
>
> Negamos ser adequada a avaliação da Escritura segundo padrões de verdade e erro estranhos ao seu uso e propósito. Negamos também que inerrância é anulada por fenômenos bíblicos, tais como falta de precisão técnica moderna, o registro de falsidades, o *uso de hipérbole* e números arredondados, o arranjo do material em tópicos, seleções variáveis do material em relatos paralelos ou o uso de citação livre.[8]

Vemos, assim, que a Bíblia não é, em hipótese alguma, contrária ou reticente ao uso de hipérbole para comunicar sua importante mensagem teológica. Além do mais, a articulação mais recente da doutrina da inerrância reconhece plenamente esse uso, afirmando que ele, de nenhum modo, compromete a veracidade da Escritura. Existem acontecimentos históricos por trás das declarações hiperbólicas, mas é difícil, senão impossível, reconstruí-los em detalhe, visto que autores bíblicos não se interessam muito pelo acontecimento em si, mas em seu significado para o relacionamento de Deus com seu povo.

[8] "The Chicago Statement on Biblical Inerrancy" [Declaração de Chicago acerca da inerrância bíblica], acessível em www.bible-researcher.com/chicago1.html. Itálicos adicionados.

Proposição 5

Gênesis, apropriadamente, apresenta um relato hiperbólico do dilúvio

Com base no que discutimos na proposição anterior, cujo tópico é o uso retórico da hipérbole evidenciado na Escritura, estamos agora prontos para aplicá-lo ao nosso entendimento do dilúvio. Argumentamos que o emprego da retórica universalista para retratar o impacto e significado do dilúvio como um cataclismo cósmico não significa que o antigo israelita ou o autor de Gênesis considerassem universais seu escopo físico ou alcance geográfico. Outros empregos retóricos de linguagem universalista usados como hipérbole podem ser identificados em Lamentações 2:22 (passagem na qual o lamento sobre a destruição de Jerusalém pelos babilônicos indica que não há sobreviventes, quando estamos bem cientes, a partir do restante do Antigo Testamento, de que alguns foram levados para o exílio, enquanto outros permaneceram na terra) e em uma discussão semelhante do dia do Senhor vindo a Jerusalém em Sofonias 1, remetendo à destruição completa e universal da cidade.

É útil comparar a discussão do cataclismo cósmico primevo na narrativa do dilúvio com o que encontramos na literatura apocalíptica, que geralmente retrata cataclismos cósmicos futuros. Os dois tipos de relato são modelados retoricamente para exibir um escopo de proporções cósmicas. O gênero apocalíptico nos mostra que um retrato de cataclismo sociopolítico pode ser modelado retoricamente como proporções cósmicas. Cientes disso, propomos que um retrato de cataclismos naturais poderia, teoricamente, ser também retoricamente moldado com proporções cósmicas e, de fato, encontramos a terminologia de inundação sendo usada para esses dois tipos de cataclismos na literatura do AOP. Yi Samuel Chen ainda apresenta evidências de que o relato sumério do dilúvio (cataclismo natural) toma sua linguagem emprestada de "Lamentação da cidade de Ur" (cataclismo sociopolítico).[1]

Em conformidade com nosso entendimento de Gênesis 1—11 como um todo (e, em particular, com nossa análise anterior de Gênesis 1—3; cf. a proposição 3), poderíamos esperar duas coisas na apresentação da história do dilúvio em Gênesis 6—8. A primeira é que a história do dilúvio está enraizada em um acontecimento real, e, a segunda, que o acontecimento histórico seja descrito usando linguagem figurada, mostrando mais interesse no significado teológico do acontecimento do que nos dar a informação que precisamos para reconstruir o acontecimento histórico em si.

Na proposição 14 refletiremos sobre o acontecimento histórico, mas, nesta seção, exploraremos sua formulação retórica. Em termos de história do dilúvio, a característica retórica de maior destaque é claramente a hipérbole.

Hipérbole é uma forma de linguagem figurada. Ela exagera a fim de produzir um efeito ou estabelecer uma ideia. Deixe-me (Tremper) dar um exemplo a partir de um diálogo do dia a dia: quando minha esposa pega minha mala e diz: "pesa uma tonelada!" (sim, minha bagagem costuma ser pesada; são os livros...), ambos sabemos que a mala não pesa literalmente uma tonelada, porém minha esposa estabeleceu seu parecer. Na verdade, demonstraria ser estúpido se respondesse: "Não. A mala pesa três quilos, bem menos do que uma tonelada!"

Em nossa opinião, linguagem hiperbólica permeia o relato do dilúvio, a começar pela descrição da não ordem generalizada:

---

[1] Yi Samuel Chen, *The Primeval Flood Catastrophe* [A catástrofe primitiva do dilúvio] (Oxford: Oxford University Press, 2013), p. 204.

"O SENHOR viu que a perversidade do homem tinha aumentado na terra e que toda a inclinação dos pensamentos do seu coração era sempre e somente para o mal" (Gênesis 6:5). Se considerarmos a declaração como uma constatação crua dos fatos, então como explicar que "Noé era homem justo, íntegro entre o povo da sua época; ele andava com Deus" (Gênesis 6:9)? Só a mente muito literalista entenderia essa linguagem como significado que todos na terra tinham apenas motivos maldosos para toda e cada ação. Entretanto, a hipérbole certamente expressa bem o fato de que o mal havia alcançado um nível sem precedentes e que Deus agiria para restaurar a ordem.

Além disso, a hipérbole explica as dimensões da arca. Conforme descrito em Gênesis 6:15, a arca tinha cerca de "cento e trinta e cinco metros de comprimento [300 côvados], vinte e dois metros e meio de largura [50 côvados] e treze metros e meio de altura [30 côvados]".[2] Trata-se de um barco e tanto! As próprias dimensões nos levam a crer que os números são hiperbólicos, exagerados de propósito, em outras palavras, para fins de efeito retórico com o objetivo de estabelecer um determinado ponto (teológico). É difícil imaginar leitores antigos tomando essa descrição como referência a um barco de verdade. Não teria existido nada remotamente parecido com a arca no mundo antigo.

De fato, talvez seja mais fácil para um público moderno interpretar mal o texto e tomá-lo como se descrevesse um barco verdadeiro. Certamente esse é o caso de Ken Ham, um dos principais proponentes do criacionismo de Terra jovem. Em julho de 2016, Ken Ham inaugurou o *Ark Encounter*, uma réplica "em tamanho real" da arca onde as pessoas podem ir. O objetivo declarado de Ham é mostrar que uma arca literal com essas dimensões pode ser construída e é capaz de abrigar todos os animais necessários para

---

[2] A conversão é baseada no entendimento tradicional de que o côvado (medida de um comprimento típico do cotovelo à ponta do dedo médio) tinha aproximadamente 45 centímetros.

sobrevivência no dilúvio. Devo destacar que Ham, por razões das quais desconheço, foi além da descrição bíblica na construção de sua arca (155 metros de comprimento, 26 metros de largura e 16 metros de altura).[3]

Ham demonstrou que tal barco gigantesco poderia ser construído. O objeto pode ser até navegável (embora esteja sobre a terra, em Kentucky). Entretanto, caso você assista ao vídeo de sua construção, reparará nas ferramentas elétricas, nos guindastes e nas dezenas, senão centenas, de trabalhadores qualificados, cada qual com sua ferramenta, construindo o barco.[4] É difícil imaginar Noé e sua família cumprindo essa tarefa!

Respostas propostas à essa questão não passam de especulações sem fundamento, dentre as quais nenhuma é justificada pela Bíblia. Talvez Noé tivesse acesso a uma tecnologia superior; talvez tenha empregado um número de pessoas que em breve seriam destruídas pelo dilúvio. (Irônico, não é? Corresponde, porém, com relatos mesopotâmicos.) Talvez Deus deu a Noé força e habilidades de engenharia sobrenaturais; talvez anjos caídos o ajudaram (compare com o filme *Noé* de 2014, baseado em antigas lendas judaicas). Nenhuma das opções, ou qualquer outra explicação, é plausível; além disso, a Bíblia não sugere nada além de que Noé e sua família construíram a arca.

Lembremo-nos de que, segundo descrita na Bíblia, a arca (se considerarmos as dimensões da arca como medidas precisas) é

---

[3] Ham parece considerar que a medida do "côvado" era maior do que a maioria dos estudiosos de hoje acredita.

[4] Para explicações um tanto imaginativas (para ser bondoso) que alguém deve dar com o objetivo de racionalizar o tamanho da arca e sua logística, bem como o cuidado de um grupo tão grande de animais por oito pessoas, cf. John Woodmorappe, *Noah's Ark: A Feasibility Study* [A arca de Noé: um estudo de sua viabilidade] (Santee: Institute of Creation Research [Instituto de Pesquisas da Criação], 1996). Apenas os mais ingênuos podem acreditar em todas as condições excepcionais necessárias para entender a descrição da história do dilúvio como qualquer coisa além de hiperbólica.

maior do que qualquer embarcação de madeira construída não só na Antiguidade, mas em qualquer época — incluindo hoje. Além disso, sejamos francos: mesmo que, em princípio, a arca de Ham seja navegável (algo altamente duvidoso, além de, obviamente, improvável de ser colocada em água), nunca existiu, nem de perto, um barco de madeira tão grande quanto a arca.

Quando examinamos a prática da construção naval no decorrer da história, as primeiras embarcações, raramente com mais de três metros de comprimento, eram feitas de pele e junco, e geralmente velejavam por pântanos e à margem de rios. Com o avanço da tecnologia naval para além da pesca, embarcações à vela, capazes de navegar no Mediterrâneo, começaram a aparecer. Já no Império Antigo (2500 a.C.), a arte egípcia retrata navios de até 50 metros de comprimento. Textos ugaríticos e fenícios dos segundo e primeiro milênios antes de Cristo não revelam barcos maiores. Mesmo quando avançamos para os tempos romanos, nos séculos I e II d.C., a maior e mais famosa embarcação era "Ísis", cuja rota era entre Alexandria e Roma. Notavelmente, a embarcação tinha 55 metros de comprimento, 14 metros de largura e 13 de altura — menos de 25% do tamanho da arca.[5]

Avançando para épocas mais recentes, de meados do século XVIII ao início do século XX, apenas um punhado de navios de madeira com pouco mais de 90 metros foi construído. A embarcação americana *Dunderberg* é geralmente listada como o navio mais comprido dessa época, com 115 metros, sendo que, desses, 15 metros formavam o aríete; assim, comparando-o com a arca, devemos listá-lo com 100 metros. O *Wyoming*, também construído no século XIX, é listado com 134 metros, mas isso inclui a bujarrona; na verdade, seu comprimento é de 100 metros. Esses navios modernos, compridos e feitos de madeira também foram construídos com a

[5] Para um tratamento mais aprofundado, cf. Lionel Casson, *Ships and Seamanship in the Ancient World* [Navios e princípios de navegação no mundo antigo] (Baltimore: Johns Hopkins University Press, 1995).

utilização de parafusos e vigas de aço, material indisponível a Noé.[6] Mesmo assim, o *Dunderberg* e o *Wyoming* eram notoriamente instáveis na água.

Enfatizo, mais uma vez, que levantamos essas questões não para negar a Bíblia, mas para tentar entender a verdade como o leitor antigo a entenderia. O leitor original teria percebido que estamos lidando com uma descrição figurativa do dilúvio, conforme intencionado pelo autor da história. A ideia é apoiada pelo fato de que, no AOP, é característico de relatos diluvianos o tamanho e a forma hiperbólicos da embarcação, além de ela ser inerentemente não navegável (cf. a proposição 8).

Desse modo, o próprio dilúvio é descrito naquilo que, para o leitor antigo, teria sido visto como linguagem hiperbólica. As águas se originam das "fontes das grandes profundezas" e fluem das "comportas do céu" (Gênesis 7:11), refletindo uma cosmologia antiga em que, abaixo da terra plana, havia águas subterrâneas, e acima do firmamento, águas (não o céu azul) cuja liberação seria possível pela abertura das comportas do céu.

À medida que fluíram do abismo da terra e jorraram do céu, "as águas [...] elevaram a arca acima da terra" (Gênesis 7:17). Mesmo "as altas montanhas" foram cobertas (Gênesis 7:19) — e não somente cobertas, mas submersas em cerca de sete metros. A descrição realmente é de um dilúvio universal, não apenas local.

Embora alguns leitores modernos não percebam, o público original teria entendido que tal descrição é uma hipérbole.

---

[6] Nos tempos antigos, o padrão eram barcos atados, nos quais cordas passavam por buracos nas tábuas para mantê-las presas. O junco também era um material de construção importante.

Proposição 6

Gênesis retrata o dilúvio como um acontecimento global

Chegamos à conclusão de que, em Gênesis 1—11, o autor intenciona fundamentar sua apresentação teológica de épocas primordiais em acontecimentos reais. Também concluímos que o autor modela retoricamente a apresentação desses acontecimentos. Agora, voltamo-nos especificamente para Gênesis 6—9 e o relato do dilúvio. Nosso primeiro passo será reconhecer que a retórica aplicada pelo autor apresenta o dilúvio como um fenômeno universal, não local.

Alguns estudiosos, que percebem a inexistência de qualquer evidência geológica de que um dilúvio universal tenha ocorrido (cf. a proposição 15), defendem-no como um acontecimento local e argumentam que o texto bíblico o descreve como tal. Essa linha de interpretação tem muito a seu favor, pois leva a sério tanto o texto bíblico quanto a evidência científica (ou melhor, sua ausência).

Defensores da teoria da teoria do dilúvio local argumentam que a palavra *'erets*, cuja tradução mais comum é "terra", deve, na verdade, ser traduzida por "região". Essa decisão leva à substituição de "terra" por "região" em todos os lugares onde *'erets* aparece:

> O Senhor viu que a perversidade do homem tinha aumentado na ~~terra~~ região e que toda a inclinação dos pensamentos do seu coração era

sempre e somente para o mal. Então o Senhor arrependeu-se de ter feito o homem sobre a ~~terra~~ região, e isso cortou-lhe o coração. Disse o Senhor: "Farei desaparecer da face da terra [*adamah*] o homem que criei, os homens e também os grandes animais e os pequenos e as aves do céu. Arrependo-me de havê-los feito" (Gênesis 6:5-7).

Eis que vou trazer águas sobre a terra, o Dilúvio, para destruir debaixo do céu toda criatura que tem fôlego de vida. Tudo que há na ~~terra~~ região perecerá (Gênesis 6:17).

Daqui a sete dias farei chover sobre a ~~terra~~ região quarenta dias e quarenta noites, e farei desaparecer da face da ~~terra~~ região todos os seres vivos que fiz (Gênesis 7:4).

Noé tinha seiscentos anos de idade quando as águas do Dilúvio vieram sobre a ~~terra~~ região (Gênesis 7:6).

E depois dos sete dias, as águas do Dilúvio vieram sobre a ~~terra~~ região (Gênesis 7:10).

E a chuva caiu sobre a ~~terra~~ região quarenta dias e quarenta noites (Gênesis 7:12).

Quarenta dias durou o Dilúvio, e as águas aumentaram e elevaram a arca acima da ~~terra~~ região. As águas prevaleceram, aumentando muito sobre a ~~terra~~ região, e a arca flutuava na superfície das águas. As águas dominavam cada vez mais a ~~terra~~ região, e foram cobertas todas as altas montanhas debaixo do céu. As águas subiram até quase sete metros acima das montanhas.[1] Todos os seres vivos que se moviam sobre a ~~terra~~ região pereceram: aves, rebanhos domésticos, animais selvagens, todas as pequenas criaturas que povoam a terra e toda a humanidade.

[1] Ou (e esta variação serve os interesses da teoria do dilúvio local) a frase poderia ser traduzida por "as águas subiram até quase sete metros, e as montanhas foram cobertas". Entretanto, águas que sobem apenas sete metros não cobrem nenhuma montanha.

> Tudo o que havia em ~~terra~~ região seca e tinha nas narinas o fôlego de vida morreu. Todos os seres vivos foram exterminados da face da ~~terra~~ região; tanto os homens, como os animais grandes, os animais pequenos que se movem rente ao chão e as aves do céu foram exterminados na ~~terra~~ região. Só restaram Noé e aqueles que com ele estavam na arca. E as águas prevaleceram sobre a ~~terra~~ região cento e cinquenta dias (Gênesis 7:17-24).

> Então Deus lembrou-se de Noé e de todos os animais selvagens e rebanhos domésticos que estavam com ele na arca, e enviou um vento sobre a ~~terra~~ região, e as águas começaram a baixar (Gênesis 8:1).

> As águas foram baixando pouco a pouco sobre a ~~terra~~ região. Ao fim de cento e cinquenta dias, as águas tinham diminuído (Gênesis 8:3).

> Esperando que a ~~terra~~ região já tivesse aparecido, Noé soltou um corvo, mas este ficou dando voltas (Gênesis 8:7).

> Mas a pomba não encontrou lugar onde pousar os pés porque as águas ainda cobriam toda a superfície da ~~terra~~ região (Gênesis 8:9).

> Noé então ficou sabendo que as águas tinham diminuído sobre a ~~terra~~ região (Gênesis 8:11).

> No vigésimo sétimo dia do segundo mês, a ~~terra~~ região estava completamente seca (8:14).

> Faça que saiam também todos os animais que estão com você: as aves, os grandes animais e os pequenos que se movem rente ao chão. Faça-os sair para que se espalhem pela ~~terra~~ região, sejam férteis e se multipliquem (Gênesis 8:17).

Iniciemos dizendo que a interpretação do dilúvio local é uma tentativa nobre de apegar-se firmemente à Bíblia e também fazer sentido da expressiva falta de evidência científica para um dilúvio global.[2] À primeira vista, ela pode até mesmo soar convincente. Em última análise, porém, nós e muitos outros não estamos convencidos. Outros detalhes da descrição do dilúvio em Gêneses parecem difíceis, mesmo impossíveis, de conciliar com a ideia de que, em Gênesis 6—8, temos o retrato de um dilúvio local, isto é, de uma simples cobertura parcial, mesmo que de proporções colossais.

Por exemplo: a ênfase no início da história jaz na vastidão do pecado humano, o que leva Deus a arrepender-se de ter criado todos os seres humanos (Gênesis 6:11-13), e não apenas aqueles de um local específico. Podemos imaginar todos os seres humanos vivendo nesse tempo em um lugar específico, capaz de ser coberto por uma grande inundação local? Naturalmente, é difícil responder a essa pergunta, visto que a Bíblia não diz quando o dilúvio ocorreu, nem provê informações sobre a distribuição dos seres humanos do momento de sua criação em diante. Além do mais, a localização da família de Noé também não é mencionada.[3] Essa informação não é necessária para a história, visto que o retrato descrito em Gênesis 6—8 não é de um dilúvio local, mas de um dilúvio que cobriu toda a terra e destruiu todos os seres vivos, homens e animais, exceto aqueles que estavam a bordo da arca. De qualquer modo, também devemos notar que, ao menos desde Gênesis 4, a ênfase tem sido na dispersão da humanidade.[4] O impacto e a importância do dilúvio são universais, mas, mais uma vez, isso não quer dizer que seu escopo geográfico seja.

---

[2] Neste contexto, usamos *global* no sentido de universal. O autor humano antigo e seu público original não sabiam que a Terra era um globo. Assim, enquanto *global* é um anacronismo, empregamos o termo por ter entrado no debate moderno. Mesmo assim, usaremos *universal* com mais frequência.

[3] A única referência geográfica na história é às montanhas de Ararate (Gênesis 8:4). Ao mesmo tempo que não é uma referência específica a uma determinada montanha, a região se encontra na Turquia oriental, próxima ao lago Van.

[4] Em Gênesis 4:12, repare no pronunciamento de Deus contra Caim, que seria um "fugitivo errante pelo mundo" (na região?).

O próprio texto bíblico é suficiente para minar a ideia de que o texto descreve um dilúvio local. Contudo, a ciência fornece ainda mais uma consideração importante. Do que sabemos através da pesquisa científica, a história da humanidade teve início na África, espalhando-se, com o tempo, para o Oriente Médio, Europa e além. Assim, a menos que estejamos falando sobre um dilúvio local na África (inconciliável com a informação de que a arca repousou em Ararate), não houve um tempo quando todos os seres humanos estavam concentrados em uma área específica, a ponto de um dilúvio regional poder exterminá-los de uma só vez.

Ademais, precisamos enfatizar que a história de Gênesis descreve a destruição de toda a humanidade, exceto Noé e sua família. O dilúvio é a reversão da criação, que começou com Deus formando o mundo em um estado não ordenado (*tohu wabohu*, "sem forma e vazia" [Gênesis 1:2]). Podemos imaginar esse estágio *tohu wabohu* como uma bolha aquática. Os dias da criação em Gênesis 1 figuram o movimento da não ordem à ordem, mas Deus restaura a ordem depois de primeiramente fazer o mundo retornar ao seu estado aquoso pré-criação (não ordem). Deus está fazendo uma remodelação. Embora seu ato, por seu próprio consentimento, não elimine a desordem (= pecado humano [Gênesis 8:21]), ele demonstra seu compromisso de continuar com seu plano de trazer ordem (Gênesis 8:22).

Ademais, se temos a descrição de um dilúvio local em Gênesis 6—9, por que conduzir pares de animais à arca, inclusive pares de aves? Mesmo que seres humanos não vivessem fora dos limites do dilúvio local, a maioria dos animais vivia. Na verdade, o fato de ter sido necessária a inclusão de pássaros na arca indica que as águas do dilúvio devem ter realmente alcançado uma altitude muito elevada.

Se, inclusive, o dilúvio foi local, por que construir um barco tão grande? Por que não pedir simplesmente para Noé e a família se mudarem?

Eis a razão: porque "todas as fontes das grandes profundezas jorraram, e as comportas do céu se abriram" (Gênesis 7:11), não apenas em uma área local.

E temos também a descrição da profundidade das águas do dilúvio. A leitura mais natural do hebraico de Gênesis 7:20 é a fornecida pela NVI: "As águas subiram até quase sete metros acima das montanhas". Lembremo-nos também de que não se tratam de montanhas pequenas. Após a diminuição das águas, "a arca pousou nas montanhas de Ararate". A despeito da identificação popular do monte Ararate, a Bíblia se refere apenas a uma região geral na Turquia oriental, próxima do lago Van. Mas não importa de que pico específico estamos falando dentre as montanhas de Ararate: descrever as águas do dilúvio com um alcance de sete metros acima dos picos significa que o texto bíblico não retrata um dilúvio local. Antes, ele usa, intencional e retoricamente, uma linguagem universalista para falar sobre a importância do acontecimento — neste caso, o dilúvio.

A despeito de boas intenções e motivações corretas, a tentativa de interpretar o texto bíblico como uma descrição consciente de um dilúvio local continua inconvincente. Antes, porém, de deixarmos o assunto, devemos abordar mais uma estratégia usada para o entendimento do texto bíblico que defende o dilúvio como um acontecimento local.

Uma das variantes desse ponto de vista é que, embora o dilúvio não tenha sido universal, da perspectiva de participantes antigos (Noé e sua família), as águas cobriram toda a terra (até onde sabiam). Em outras palavras, para os participantes, que também foram os primeiros a descrever o acontecimento, esse dilúvio local realmente cobriu toda a terra. Supostamente, então, a história foi transmitida oralmente, ou até mesmo de forma escrita, de geração em geração, até chegar a Moisés (tido como o autor da narrativa pelos proponentes deste ponto de vista), o qual a incluiu naquilo que, hoje, chamamos de livro de Gênesis. Nesse ângulo, não há necessidade de traduzir *'erets* por "região", visto que, até onde o primeiro narrador sabia, o dilúvio local (na verdade) cobriu o mundo todo.

Uma vez mais aprovamos diversos elementos dessa abordagem. Seu aspecto mais notável é que ela honra o princípio de que os textos bíblicos (e, neste caso, uma fonte mais antiga, o *toledot* de Noé [Gênesis 6:9—9:28], que foi incluído no texto bíblico) são escritos a partir do "ambiente cognitivo"[5] do autor. A Bíblia foi escrita para nós, porém não foi destinada a nós. Não temos razão para crer que Deus forneceu aos autores antigos conhecimento especial de perspectivas em geologia, cosmologia, astronomia ou qualquer outra informação científica além daquilo que já era conhecido na época. Nem temos qualquer razão para pensar que Deus integrou tal informação nos escritos de autores humanos além do que sabiam conscientemente.[6]

Embora louvável em muitos aspectos, essa variante da teoria do dilúvio local também não é persuasiva, e pelas mesmas razões pelas quais a versão descrita anteriormente não é convincente. A linguagem usada na história do dilúvio não apoia a ideia de que ele tenha sido apenas um dilúvio local, ainda que abrangente. E essa

---

[5] Cf. a proposição 1.

[6] Contra o pensamento de Hugh Ross e outros que trabalham na organização conhecida como Reasons to Believe [Razões para crer]. Cf., por exemplo, Kenneth Keathley, J. B. Stump e Joe Aguirre, eds., *Old-Earth or Evolutionary Creation?* [Terra antiga ou criacionismo evolucionário?] (Downers Grove: InterVarsity Press, 2017). Também, de Paul Copan et al., eds., *Dicionário de cristianismo e ciência* (Rio de Janeiro: Thomas Nelson Brasil, 2018): "Reasons to Believe" [Razões para crer], p. 630; "Ross, Hugh", p. 652; "Concordismo", p. 126. Nosso ponto de vista a esse respeito não exclui uma discussão sobre o fato de os profetas do Antigo Testamento "falarem mais do que sabiam" a respeito da mensagem central da Bíblia — a saber, a redenção. Estudiosos protestantes evangélicos debatem quanto a haver um *sensus plenior* (significado mais profundo) no que diz respeito à mensagem da Bíblia. Não temos razão para pensar que a Bíblia tem um *sensus plenior* científico, visto que ela não demonstra nenhum interesse por nos ensinar assuntos científicos, como cosmologia.

conclusão é, em nossa opinião, inevitável, seja porque o autor do relato o descreveu como local, ou tenha sido ele simplesmente uma testemunha inicial, cujo relato foi posteriormente registrado no livro de Gênesis, que pensasse que o dilúvio fosse global (embora na verdade tenha sido local).

Finalizamos esta seção com uma lista resumida dos elementos da história, os quais nos levam a concluir que o dilúvio é descrito (hiperbolicamente) em Gênesis como um acontecimento universal, não local:

1. O pecado humano é ubíquo, abrangendo todo ser humano, não apenas alguns de determinada área.
2. Deus se arrependeu de ter feito o ser humano sobre a terra, não apenas alguns de determinada área.
3. Como juízo de Deus, o dilúvio é a primeira parte da recriação. No relato da criação, Deus move o cosmos da não ordem para a ordem. A primeira fase descreve o planeta como uma "bolha de água" que, após seis dias de criação, é levado à ordem funcional. O dilúvio é, portanto, o inverso da ordem: Deus sujeita o mundo a um estado de caos (não ordem) com o objetivo final de restabelecer a ordem. Nesse cenário, o dilúvio teria de ser universal.
4. A necessidade de pares (e, em alguns casos, sete pares) de animais na arca, incluindo pássaros, demonstra um dilúvio universal, não apenas local.
5. O tamanho do barco remete a águas diluvianas muito além de um dilúvio local.
6. O fato de que "as fontes das grandes profundezas jorraram, e as comportas do céu se abriram" (Gênesis 7:11) indica um dilúvio universal.
7. A altura das águas com sete metros acima dos picos montanhosos (Gênesis 7:20), bem como a menção generalizada das grandes "montanhas de Ararate" (Gênesis 8:4) como a

única referência à sua localidade, apontam para uma inundação global.

Desse modo, nossa conclusão é que Gênesis 6—8 descreve um dilúvio universal, não local. Essa conclusão nos deixa com a visão de que, em uma primeira leitura, pelo menos da perspectiva ocidental do século XXI, ela é um erro, ou pelo menos uma contradição. A Bíblia descreve um dilúvio universal; no entanto, não há absolutamente qualquer evidência geológica que apoie essa descrição. Enquanto alguns creem que isso só pode significar que se a Bíblia está certa a ciência está errada, nós acreditamos que, se a ciência está certa, então ela nos leva a uma interpretação melhor do material bíblico, a interpretação que nos leva mais para perto da intenção original do autor bíblico.

Tentamos dar suporte à ideia de que a retórica relacionada ao dilúvio é intencionalmente universal, quando, na verdade, é seu impacto e importância que são universais, não seu alcance geográfico. Oferecemos o Holocausto como exemplo final dessa distinção. Hoje, as pessoas podem falar sobre o Holocausto em termos da "completa aniquilação do judeu europeu", afirmando o acontecimento em termos tradicionais e de expressão retórica. O falante descreve o acontecimento em termos intencionalmente universalistas, enquanto, ainda assim, parece reconhecer a hipérbole, assim como a percebem aqueles que escutam a descrição. Uma discussão subsequente não se concentraria em quantidades exatas, nem na abrangência da aniquilação, nem na ideia de que não sobrou nenhum judeu sequer na Europa. Antes, a questão seria tentar responder o porquê do acontecimento: Por que Deus permitiria algo assim? A simples menção de um acontecimento tão trágico, expresso em termos retóricos, evoca em nós o desejo de interpretá-lo.

Parte 2:

Contextualização: Textos do Antigo Oriente Próximo

Proposição 7

A antiga Mesopotâmia também tem histórias de um dilúvio universal

Todo estudante sério da Bíblia sabe que existem outras histórias diluvianas do Antigo Oriente Próximo, particularmente da Suméria, Babilônia e Assíria.[1] Controvérsias não giram em torno da existência ou relevância desses relatos antigos sobre o dilúvio, mas de seu significado e sua relação com a narrativa bíblica.

Nesta proposição, começaremos com a descrição do material do AOP que nos está disponível e, na proposição seguinte, discutiremos similaridades e diferenças entre esse material e a narrativa bíblica do dilúvio.

Em sumério, há referências ao acontecimento em um texto conhecido por *Gênesis de Eridu*, devido à sua combinação de uma história da criação com outra do dilúvio. Após uma narrativa sobre a criação dos seres humanos, o surgimento das primeiras cidades e a instituição do reinado, obtemos um relato sobre o dilúvio. A história começa com o deus Enki (também conhecido como Ea) advertindo seu devoto, Ziusudra, rei de Shuruppak, acerca de um dilúvio vindouro, comissionado pelos deuses Anu e Enlil. Segue, então, uma parte obscura do fragmento, trecho que a maioria dos estudiosos pensa conter a comissão de Enki para a construção de

---

[1] Há também um breve relato de Ugarit, mas, interessantemente, nenhum do Egito.

uma arca. Quando o texto fica claro mais uma vez, vê-se um breve relato do dilúvio:

> Todos os ventos malignos e todos os ventos tempestuosos fundiram-se em um e, com eles, o dilúvio varreu [as cidades dos] cestos de meio alqueire por sete dias e sete noites. Após o dilúvio ter varrido o país, depois de o vento maligno ter arremessado o grande barco de um lado para o outro na imensidão das águas, apareceu o sol, espalhando luz pelos céus e pela terra.[2]

Após o recuo das águas, Ziusudra oferece sacrifícios aos deuses, que "lhe concedem vida como a um deus, fazendo com que o sopro da vida eterna, como a de um deus, descesse sobre ele". Veremos que os elementos mais importantes da história são repetidos nas versões posteriores tanto babilônica quanto bíblica.

O dilúvio também recebe menção na *Lista dos reis sumérios*, texto que descreve o reinado como um dom dos céus à primeira cidade, Eridu, e mostra como, a partir de então, o sistema de governo é transmitido de uma cidade para outra. A informação de nosso interesse é que a *Lista dos reis sumérios* divide a história do reinado em dois períodos: pré-diluviano e pós-diluviano. Por isso, o dilúvio é simplesmente mencionado no texto, não apresentado como história: "Há cinco cidades cujos reis governaram sobre elas por 241 mil anos. [Então] o dilúvio varreu [a terra]. Depois de o dilúvio ter varrido [a terra]...".[3]

Voltando-nos para versões acadianas da história do dilúvio, iniciamos com o enredo resumido de uma epopeia babilônica conhecida como *Atrahasis*; a narrativa recebe o nome em função de seu protagonista, herói do dilúvio comparável a Noé no relato bíblico.

---

[2] Traduções de *Gênesis de Eridu* são de Thorkild Jacobsen, COS 1:513-15. A tradução se baseia na cópia mais antiga da composição, datada de aproximadamente 1600 a.C.

[3] Tradução de Thorkild Jacobsen em ANET, 295.

O *Épico de Atrahasis* é particularmente interessante porque, como Gênesis 1—11, combina um relato da criação dos seres humanos com um relato do dilúvio.

Visto que o nosso interesse é no dilúvio, passaremos rapidamente pela história da criação da humanidade.[4] Os seres humanos foram criados quando deuses inferiores (os Igigi) se revoltaram contra o trabalho forçado que deuses mais poderosos (os deuses Anunna) lhes haviam imposto. Com o tempo, os deuses Anunna cederam e substituíram os Igigi em sua tarefa pesada de escavar valas de irrigação, criando a humanidade. O ser humano foi criado a partir do barro, do sangue de um deus inferior e da saliva dos deuses.

Após a criação da humanidade, sua população aumenta com o tempo. O "barulho" resultante desse aumento (veja a proposição 8) perturba os grandes deuses, particularmente o deus Enlil. Depois de tentar outros meios para reduzir a população, Enlil decide então exterminar a humanidade por meio de um dilúvio. Um dos deuses, Enki (também conhecido como Ea), discorda desse curso de ação e toma medidas para impedir a erradicação da humanidade.

Enlil havia feito os deuses jurarem que não revelariam o futuro desastre à humanidade, porém Enki contorna essa proibição ao não falar diretamente com Atrahasis, mas com sua casa (sabendo que Atrahasis o escutaria):

Escuta-me, parede!
Parede de junco, atenta à minha voz!
Foge da casa, constrói para ti um barco,
Abandona os bens e salva tua vida.
Que o barco que construíres,
[] seja igual []
Cobre a embarcação como as profundezas,

---

[4] Os que estiverem interessados nessa parte de Atrahasis e em sua relação com o relato bíblico, cf. Tremper Longman III, *Genesis* [Gênesis], SGBC (Grand Rapids: Zondervan, 2016), p. 46-51.

Para que o sol não a veja;
Forra-a por dentro e por fora.[5]

Depois de Atrahasis ter construído a arca e feito embarcar os animais e sua família, começaram as chuvas torrenciais:

Adade [deus da tempestade] rugiu nas nuvens.
Enfureceram-se os ventos com sua presença.
Rompendo a corda para ancoragem, soltou o barco.
[...]
Com suas garras, Anzu [pássaro tempestuoso divino] rasgou o céu,
[...]
Partiu seu clamor [como um vaso]
[] o dilúvio [irrompeu]
Seu poder sobreveio aos povos [como uma batalha].
[...]
Torrentes bufaram como um touro,
Ventos [ressoaram] como uma águia gritante.
As trevas [eram densas], o sol se fora.

Por causa de danos na tábua cuneiforme, restam apenas fragmentos do texto a partir desse ponto. Em um trecho contendo a frase "como moscas", temos uma provável referência à reação dos deuses quando, após o dilúvio, Atrahasis ofereceu sacrifício. A mesma coisa acontece na versão do dilúvio narrada na *Epopeia de Gilgamesh*, para a qual nos voltamos agora.

Talvez a versão babilônica mais conhecida do dilúvio se encontra na décima primeira tabuleta da *Epopeia de Gilgamesh*. O poema narra a história de Gilgamesh, rei da cidade de Uruk, em meados

[5] Traduções de Atrahasis são de B. Foster, em COS 1:450-52. Para estudos importantes sobre Atrahasis, cf. W. G. Lambert e A. R. Millard, *Atra-Hasis: The Babylonian Story of the Flood* [Atra-Hasis: a história babilônica do dilúvio] (Oxford: Clarendon Press, 1969). Cf. também A. R. Millard: "A New Babylonian 'Genesis' Story" [Uma nova história babilônica de 'Gênesis'], *TynBul* 18 (1967), p. 3-18.

do terceiro milênio a.C. No começo da história, Gilgamesh é um governante jovem e impetuoso que, apesar de não ser exatamente maldoso, age com imaturidade, prejudicando seus súditos a tal ponto que eles rogam aos deuses por ajuda para lidar com seu rei.

Os deuses respondem criando Enkidu, um homem selvagem das estepes, e criado por animais selvagens. A fim de atraí-lo à cidade para confrontar Gilgamesh, o povo de Uruk envia uma prostituta para dormir com ele. Depois disso, os animais não querem mais se associar com Enkidu, o qual acompanha a prostituta à cidade. Ele ouve falar de Gilgamesh e se ira, particularmente com o fato de o rei de Uruk dormir com todas as noivas da cidade na sua noite de núpcias (o "direito à primeira noite", mencionado na proposição 12 a respeito aos "filhos de Deus").

Assim, quando Enkidu encontra Gilgamesh, ambos lutam. Enkidu o enfrenta com coragem, porém, ao final, é derrotado por Gilgamesh. A princípio, não está claro como os deuses intencionam responder à oração do povo, mas, após o combate, Enkidu e Gilgamesh tornam-se amigos rapidamente e, juntos, saem mundo afora em busca de aventuras — trazendo, desse modo, alívio aos cidadãos de Uruk, que estavam cansados de seu rei jovem e grosseiro.

Em meio a essas aventuras, Ishtar, deusa do amor e da guerra, observa enquanto Gilgamesh lava o sangue de seu corpo nu, e propõe-lhe que tenham relações. Ele responde com insultos, fazendo referência aos antigos e indecorosos relacionamentos de Ishtar, os quais acabaram mal para aqueles com quem ela dormiu.

Ofendida, Ishtar vai até seu pai, Anu, o deus do céu, e pede por vingança. Anu responde, enviando o Touro do Céu contra Gilgamesh; ele, porém, mata o touro, arranca-lhe a cavilha e atira-a no rosto de Ishtar.

Nesse ponto, Anu mata Enkidu. Enquanto Enkidu morre nos braços de Gilgamesh, o rei percebe que também ele, com o tempo, morrerá; por isso, decide fazer algo a respeito. É a busca pela vida eterna que enfim o leva ao herói do dilúvio, cujo nome nesse poema épico é Utnapistim. Afinal, Utnapistim é o único ser humano a ter vida eterna, razão pela qual o rei de Uruk quer saber seu segredo. A pergunta de Gilgamesh leva Utnapistim a contar-lhe a história do dilúvio.

Como em *Atrahasis*, aprendemos que Enlil e os deuses determinaram a destruição da humanidade por fazerem muito barulho. Também descobrimos que Ea, que prometera esconder da humanidade o segredo do dilúvio, diz à casa de Utnapistim: "destrua esta casa; construa um navio; abandona os bens; busca a vida; constrói uma arca e salva-te. A bordo do barco, leva a semente de tudo que é vivo".[6]

Utnapistim, assim, dá início à construção da arca, cuja área era de "um acre inteiro" e cujo formato era incomum: "O navio que construirás terá dimensões precisas. Que sua largura e comprimento sejam iguais".[7] Após sua construção, ele juntou prata, ouro, familiares e parentes, artesãos habilidosos que construíram a arca, e ainda "bestas da estepe e animais selvagens da estepe".[8]

Em seguida, os deuses enviaram a tempestade e destruíram represas, de modo que o dilúvio "sobreveio ao povo como uma batalha". O dilúvio era tão temível que mesmo "os deuses se assustaram com a enxurrada e, receosos, subiram ao céu mais elevado de Anu". Na sequência do poema, Utnapistim nos dá um quadro nada elogioso da reação dos deuses: "Os deuses se esconderam como cachorros que rastejam para dentro de casa; Ishtar gritou como uma mulher durante o parto". De fato, Belet-ili, deusa do ventre e aquela que é descrita como criadora da humanidade, lamenta ter concordado com o plano de Enlil de destruir a humanidade.

---

[6] Traduções da *Epopeia de Gilgamesh* são de B. R. Foster, *COS* 1:458-60.

[7] Alguns concluem disso que o barco seria cúbico; outros postularam que teria o formato de um zigurate. Em uma tabuleta recém-descoberta, o barco é circular, tornando seu comprimento e largura equivalentes aos do diâmetro.

[8] Em *Gênesis de Eridu*, os animais eram "pequenos" (linha 182, *COS* 1:515).

Com o tempo, a tempestade terminou e as águas recuaram. A arca veio a pousar no monte Nimush (também chamado de Nisir) e, depois de sete dias, no que é talvez a similaridade mais impressionante com o relato bíblico do dilúvio, Utnapistim solta três pássaros: uma pomba, que não achou lugar de repouso e por isso voltou; uma andorinha que, semelhantemente, não encontrou onde pousar; e um corvo, que viu que as águas haviam diminuído, comeu e não retornou.[9]

Assim, Utnapistim e os ocupantes da arca saíram da embarcação, e a primeira ação do herói do dilúvio foi oferecer um sacrifício. Mais uma vez, a resposta dos deuses ao sacrifício parece-nos pouco louvável: "Os deuses sentiram o doce cheiro, o cheiro do sacrifício, e se juntaram como moscas ao redor dele".[10] Afinal, os deuses dependiam das ofertas humanas para serem alimentados.

Ao perceber que alguns seres humanos sobreviveram ao dilúvio, Enlil fica furioso, particularmente com Ea, que responde à fúria de Enlil, desafiando-o: "Tu, ó guerreiro, o mais sábio entre os deuses, como foste tão insensato em provocar o dilúvio?"[11] Ele então prossegue, aconselhando Enlil a lidar com o problema da sobrepopulação com medidas menos extremas, usando animais predadores, pestilência ou fome.

Ao descrever o dilúvio, Utnapistim responde à pergunta de Gilgamesh sobre como ele e sua esposa adquiriram status de imortalidade: "Enlil subiu no barco [...] tocou nossa testa e, tendo um de cada lado, abençoou-nos: 'No passado, Utnapistim era ser humano; doravante, Utnapistim e sua mulher serão como os deuses'".

Ao recontar a história do dilúvio a Gilgamesh, Utnapistim está lhe dizendo que a imortalidade que ele e a esposa desfrutam resulta de uma circunstância única. Ele dá certa esperança a Gilgamesh,

---

[9] Tabuleta 11:148-56.

[10] B. R. Foster, *COS* 1:460.

[11] Ibid.

dizendo-lhe sobre uma planta no fundo do mar que pode conceder-lhe imortalidade. Entretanto, após adquiri-la, uma serpente a rouba.

Gilgamesh, agora ciente de que a vida eterna não lhe é acessível, retorna para Uruk. A epopeia termina quando Gilgamesh vê essa cidade magnífica e admira-se dela.[12] Nisso, podemos detectar um rei amadurecido retornando à sua cidade, sabendo que sua "vida após a morte" será em termos de sua reputação como rei. Assim, a esperança do povo de Uruk no início da epopeia é cumprida.

Mais uma fonte é digna de menção. Em 2014, uma tabuleta cuneiforme, aproximadamente do tamanho de um telefone celular, entrou para a posse do Museu Britânico. Ela é parte de um relato do dilúvio que figura Atrahasis como o herói. O lado inverso preserva apenas algumas linhas parciais, mas o lado da frente contém uma descrição detalhada da construção da arca.

Nesse relato, a arca é descrita como algo semelhante a um *coracle*, especificado no texto como uma embarcação arredondada, com setenta metros de diâmetro e paredes de seis metros de altura. Como no caso de outros relatos da Mesopotâmia, essa embarcação é inerentemente inavegável. O barco é como um gigantesco cesto de cordas, envolto por trinta madeiras encurvadas ao redor da circunferência. Ele é revestido de betume por dentro e por fora. Outro detalhe intrigante fornecido apenas por essa tabuleta é que os animais entram na arca de dois em dois.[13]

O texto começa com Enki dirigindo-se a uma parede de juncos, como nos outros relatos. Mais uma vez, Atrahasis é instruído a desmontar a casa a fim de construir o barco. Esse breve texto serve

---

[12] Há amplo consenso entre estudiosos de que a tabuleta 12 não prossegue com a história das primeiras onze tabuletas.

[13] Esta nota está no lado inverso da tabuleta, apenas parcialmente legível, mas essa expressão ("dois em dois") estava clara o suficiente para o tradutor. Uma tradução da tabuleta pode ser encontrada em "Noah's Round Ark Takes to the Water" [A arca redonda de Noé põe-se às águas], *The History Blog*, 23 de agosto, 2015, www.thehistoryblog.com/archives/38087.

de adição importante às fontes que temos para o entendimento de tradições mesopotâmicas.

Nesta proposição, descrevemos as principais fontes de tradição diluviana no AOP além da Bíblia. Vimos que o dilúvio exerceu um papel importante nas literaturas suméria, babilônica e assíria. A seguir, voltamo-nos para uma análise de como a tradição mesopotâmica se relaciona com a história bíblica.

Proposição 8

O relato bíblico do dilúvio compartilha similaridades e diferenças com narrativas diluvianas do Antigo Oriente Próximo

Agora que especificamos tradições diluvianas relevantes da antiga Mesopotâmia, descreveremos similaridades e repararemos nas diferenças que têm com o relato bíblico. Em seguida, avaliaremos a importância dessas similaridades e diferenças.

Os contornos gerais da história do dilúvio, conforme a escutamos em *Gênesis de Eridu*, no *Épico de Atrahasis* e na *Epopeia de Gilgamesh*, são muito semelhantes. Por se desagradar com a humanidade, o reino divino decide trazer contra ela um dilúvio a fim de destruí-la. Em cada um dos casos, o reino divino escolhe um indivíduo (Ziusudra, Atrahasis, Utnapistim, Noé) com o objetivo de salvá-lo, advertindo-o do dilúvio vindouro e instruindo-o a construir uma arca. Enquanto o formato da arca varia nas diversas histórias, a área da arca é praticamente idêntica.[1] Depois de construí-la, o herói do dilúvio e outras pessoas (familiares e, em alguns casos, ainda mais gente), bem como animais, entram na arca. As águas do

[1] Conforme demonstrado por Irving Finkel, *The Ark Before Noah* [A arca antes de Noé] (Nova York: Nan A. Talese, 2014), p. 313, o barco arredondado de Atrahasis tem uma área de três mil metros quadrados, assim como a arca cúbica em Gilgamesh. A arca de Noé é apenas um pouco maior (três mil e cem metros quadrados).

dilúvio aumentam e, por fim, diminuem, permitindo o repouso da embarcação. A *Epopeia de Gilgamesh* e o relato bíblico reparam que a arca pousa em uma montanha (Nimush [Nisir] e Ararate, respectivamente). Nas duas versões, também ouvimos que Utnapistim e Noé soltam três aves para determinar se as águas haviam recuado a ponto de poderem desembarcar. Depois de saírem da arca, os heróis do dilúvio oferecem um sacrifício a Deus/aos deuses.

Enquanto as semelhanças são impressionantes, as diferenças também. De fato, há tantas diferenças nos detalhes que não mencionaremos todas, mas elas incluem aspectos como: abrangência e duração do dilúvio; tamanho e formato da arca; número e identidade das pessoas que entram no barco; nome dos heróis do dilúvio; e ordem em que os pássaros são enviados para determinar a diminuição das águas.[2]

Nesta proposição, consideraremos cerca de doze pontos de comparação entre os relatos bíblico e do AOP. Essa comparação será a base pela qual avaliaremos a relação de um relato com o outro. Antes, porém, de começarmos, o leitor não deve se precipitar na conclusão de que o autor de Gênesis tomou informações emprestadas diretamente dos relatos mesopotâmicos. Não é isso que as similaridades sugerem. No mundo antigo, todos sabiam que havia ocorrido um dilúvio (assim como todos hoje sabem que houve um Holocausto). Fazia parte do rio cultural. A pergunta é: Qual era a intenção de Deus? Por que ele enviou um dilúvio?

Sobre a intenção divina, diferentes textos oferecem interpretações vastamente diferentes. Cada cultura modelará sua tradição geral à sua própria maneira. Relatos mesopotâmicos extraem

---

[2] Finkel, *The Ark Before Noah* [A arca antes de Noé], destaca que, na tradição mesopotâmica, o formato da arca evolve de "naturalmente longa e estreita, grande em proa e popa" (p. 311) para um "*coracle* redondo" (descrita claramente em uma nova tabuleta, apresentada por Finkel pela primeira vez e a qual ele chama simplesmente de "Tabuleta da Arca", p. 311). Também temos, em formato de cubo, o barco de Gilgamesh. A arca de Gênesis "é uma embarcação de madeira oblonga e em forma de caixão" (p. 313).

sua narrativa do rio cultural e o ajustam segundo ideias e teologias culturais. Autores bíblicos fazem o mesmo. Não precisamos nos preocupar se autores israelitas tinham acesso às narrativas mesopotâmicas.[3]

Ao comparar a história bíblica do dilúvio com narrativas mesopotâmicas, encontraremos diferenças no nível *descritivo* (como a duração do dilúvio, o tamanho da arca), já que cada relato adotou uma descrição tradicional para refletir o efeito retórico desejado. Contudo, essas descrições são secundárias, não essenciais. O importante é a diferença na *interpretação* do acontecimento. Nisso é que se encontram diferenças notáveis entre relatos do AOP, e também é nesse aspecto que a história bíblica oferece uma interpretação completamente diferente.

Representação dos deuses, suas prioridades e sua administração do mundo

Particularmente notória na comparação entre os relatos bíblico e do AOP é a diferença dramática na descrição do reino divino, isto é, como Deus e os deuses são apresentados e como administram o cosmos.

Na Bíblia, há um só Deus: Yahweh. Ele ordena o dilúvio; adverte Noé com o propósito de preservar a humanidade no futuro; traz as águas do dilúvio; faz as águas diminuírem; recebe o sacrifício oferecido por Noé; e faz uma aliança com a Criação, por meio de Noé, com o objetivo de assegurar ordem e estabilidade ao mundo.

Nas histórias mesopotâmicas, muitos deuses estão envolvidos e não compartilham dos mesmos planos e perspectivas; na verdade, um deus contraria o interesse do outro. Vemos esse fato particularmente no relacionamento entre Enlil e Ea. Enlil ordena o dilúvio

[3] Indícios de que a *Epopeia de Gilgamesh* era conhecida desde cedo na história israelita são encontrados em um fragmento do poema épico datado do fim do segundo milênio (período dos juízes), encontrado em escavações de Megido.

para destruir toda a humanidade; Ea, porém, vê a tolice do decreto, visto que os deuses dependem dos seres humanos para se alimentarem. Desse modo, Ea trabalha para minar o intento de Enlil, advertindo indiretamente seu devoto ao falar com às paredes de sua casa de junco. Os outros deuses (Ishtar e Belet-ili) aparecem como espectadores impotentes, os quais não resistiram ao decreto, mas sentem-se aterrorizados quando o veem em ação.

De fato, todos os deuses aparecem como falhos em sua motivação e atitude. Ea, juntamente com outros deuses, havia concordado em manter o plano escondido dos humanos. Mas ele frauda o plano ao advertir o herói do dilúvio. Os outros deuses também são retratados de maneira indigna. Eles se acovardam "como cães" ao avistarem o dilúvio e se juntam "como moscas" ao sacrifício pós-dilúvio, já que estão famintos.

Em seguida, claro, temos a diferença dramática em relação ao número de deuses. Yahweh é soberano e supremo. Seu decreto não será anulado ou contornado por qualquer poder, visto não existir poder algum capaz de se igualar ao seu como Criador de tudo e de todos. Assim, Yahweh decide tanto enviar o dilúvio quanto preservar a raça humana por meio do resgate de Noé e sua família. Na narrativa mesopotâmica, a sobrevivência do herói diluviano dependeu da ação um tanto desleal de Ea, o qual, apesar de ter jurado segredo, elaborou um plano astuto para advertir seu devoto a construir uma arca e sobreviver ao dilúvio.

Obviamente, a atitude de Ea impediu um desastre, não apenas para a humanidade, mas para os próprios deuses. Ao fim do relato, torna-se claro que Enlil, embora poderoso, não pensou nas consequências do dilúvio para o sustento dos próprios deuses. Nos relatos do AOP, a falta de presciência é representada pelo fato de os deuses não perceberem que estão cortando seu próprio suprimento alimentar. Eles não se arrependem de ter feito o ser humano; arrependem-se de quase tê-lo destruído. Yahweh se arrepende de ter criado a humanidade, mas isso não reflete falta de presciência de sua parte.

Por fim, precisamos notar que existe uma grande diferença não apenas em como Deus e os deuses são (atributos), mas também no que os motiva à ação (prioridades) e no modo como administram o mundo. O politeísmo do mundo antigo não diz respeito apenas ao número de deuses que existem. Na Antiguidade, as pessoas encontravam sua identidade na própria comunidade (família ou clã). Para elas, o individualismo da nossa cultura teria sido inimaginável. Entretanto, se a identidade humana era encontrada no coletivo e em meio ao seu rio cultural, o mesmo se dava com a identidade divina.

Os deuses do mundo antigo existiam em comunidade, operavam em comunidade e encontravam sua identidade na relação com sua comunidade. Politeísmo é, assim, inevitável. Esse senso comunitário é refletido nos relatos do dilúvio, e vemos a comunidade dos deuses operando de modo semelhante a qualquer comunidade humana: deliberação conjunta; desavenças; planos individuais; jogos de poder; traição; acusação mútua; burocratas e deuses "fora da lei". Deuses mesopotâmicos administravam por meio de um conselho divino, e esse conceito não é estranho ao pensamento bíblico (Jó 1—2; 1Reis 22; Isaías 6).

Todavia, essa similaridade é um tanto superficial. O conselho divino, segundo apresentado na Bíblia, não é uma comunidade entre iguais; Yahweh permanece só, sem uma comunidade de homólogos. Em um mundo onde agentes divinos estão por traz do funcionamento de tudo (independentemente de *nós* designarmos os acontecimentos como naturais ou sobrenaturais), em Israel, existe um único agente divino.

No AOP, os deuses são motivados pelo que pode ser chamado de a "Grande Simbiose". Em obras como *Atrahasis* e o épico babilônio da criação *Enuma Elish*, somos informados de que os deuses criaram as pessoas por estarem cansados do trabalho envolvido no suprimento das suas próprias necessidades. Os deuses precisavam de comida, casa, roupa etc., mas não queriam trabalhar por isso. Uma vez que a humanidade é criada para suprir necessidades divinas, torna-se necessário aos deuses prover a subsistência das pessoas (sem chuva não há plantio e, portanto, os deuses não podem ser alimentados) e sua proteção (se as pessoas estão preocupadas com invasores que roubam sua comida e queimam sua plantação, não se ocuparão do cuidado dos deuses). Por toda a literatura do mundo antigo, descobrimos que a função de suprir a necessidade dos deuses é aquilo que se destaca como característica principal de sua prática religiosa. Infração é deixar de satisfazer a necessidade dos deuses. O resultado? Dependência mútua.

Por essa razão, não é de surpreender que a interpretação mesopotâmica do dilúvio se baseia na premissa dessa Grande Simbiose. Os deuses não criaram a humanidade para um relacionamento com ela (como faz Yahweh). Eles vivem entre as pessoas (em templos) para que suas necessidades sejam satisfeitas, não porque realmente gostam de gente; deuses precisam de pessoas. Em contrapartida, Yahweh não necessita de nada e, de fato, deseja relacionar-se. Viver entre as pessoas foi seu plano desde o início, e é esse o motivo pelo qual ele as criou.[4] Isso é verdade em relação a toda humanidade, porém é expresso de forma mais clara em conexão com Israel, em passagens como Levítico 26:11-12: "Estabelecerei a minha habitação entre vocês e não os rejeitarei. Andarei entre vocês e serei o seu Deus, e vocês serão o meu povo".

A Grande Simbiose é refutada de modo consistente em todo o Antigo Testamento e não tem lugar algum na interpretação do dilúvio. No relato mesopotâmico do dilúvio, a Grande Simbiose explica as ações dos deuses o tempo todo. Para eles, sua operação é a base da ordem no mundo. Na interpretação oferecida em Gênesis, a perturbação da ordem é a ideia motriz — porém, a ordem, do ponto de vista bíblico, não tem nada a ver com a Grande Simbiose. Podemos ver isso mais claramente ao percebermos as razões subjacentes

---

[4] Entretanto, devemos notar que mesmo Yahweh, a despeito de seu desejo de se relacionar com as pessoas, às vezes se cansava de viver no meio de um povo que não tratava sua presença com respeito (cf. Isaías 1; Jeremias 7).

ao dilúvio nas respectivas interpretações do acontecimento, em Gênesis e na Mesopotâmia.

Razões para o dilúvio

Talvez este seja o elemento mais importante a ser avaliado. Yahweh decretou o dilúvio para restaurar a ordem cósmica, rompida pelas depravações morais da humanidade (O SENHOR viu que a perversidade do homem tinha aumentado na terra e que toda a inclinação dos pensamentos do seu coração era sempre e somente para o mal [...] Disse o SENHOR: 'Farei desaparecer da face da terra o homem que criei' [Gênesis 6:5,7]). Por outro lado, enquanto *Gênesis de Eridu* e a *Epopeia de Gilgamesh* não dão um motivo, de acordo com *Atrahasis*, Enlil decretou o dilúvio porque "o barulho da humanidade [tornou-se intenso demais para mim] e [com seu alvoroço] não consigo dormir".[5] As palavras traduzidas por "barulho" em acádio são *rigmu* e *huburu*.[6]

---

[5] Tradução de W. Lambert e A. Millard, *Atra-Hasis: The Babylonian Story of the Flood* [Atrahasis: a história babilônica do dilúvio] (Oxford: Oxford University Press, 1969), p. 67.

[6] Inúmeras análises foram oferecidas na literatura especializada; cf. especialmente: Bernard F. Batto, "The Sleeping God: An Ancient Near Eastern Motif of Divine Sovereignty" [O deus dorminhoco: tema do Antigo Oriente Próximo sobre a soberania divina], em *In the Beginning: Essays on Creation Motifs in the Ancient Near East and the Bible* [No princípio: ensaios sobre temas da criação no Antigo Oriente Próximo e na Bíblia], ed. Bernard F. Batto (Winona Lake: Eisenbrauns, 2013); Daniel Bodi, *The Book of Ezekiel and the Poem of Erra* [O livro de Ezequiel e o poema de Erra], OBO 104 (Friburgo: Vandenhoeck & Ruprecht, 1991), p. 129-61; Yağmur Heffron, "Revisiting 'Noise' (rigmu) in Atra-hasis in Light of Baby Incantations" [Revisitando o 'barulho' (rigmu) em Atrahasis à luz de encantação de bebês], *JNES* 73 (2014):83-93; Jacob Klein, "A New Look at the Theological Background of the Mesopotamian and Biblical Flood Stories" [Um novo olhar sobre o contexto teológico de histórias mesopotâmicas e bíblicas do dilúvio], em *A Common Cultural Heritage: Studies on Mesopotamia and the Biblical World in Honor of Barry L. Eichler* [Uma herança cultural comum: estudos sobre a Mesopotâmia e o mundo bíblico em homenagem a Barry L. Eichler], ed. G. Frame, E. Leichty, Karen Sonik, J. Tigay e S. Tinney (Bethesda: CDL, 2011), p. 151-76; William L. Moran, "Some Considerations

As sugestões para o entendimento desses termos são inúmeras:

- Clamor (i.e., reclamações) relacionadas a trabalho árduo e chamado à rebelião.
- Insolência, representada na rebelião por conta das tarefas muito acima do limite humano (Bodi).
- Petições contínuas por alívio.
- Comportamento ímpio, irreverente, insolente ou depravado (cf. "acusações [*za'aqah*] contra Sodoma" em Gênesis 18:20 e o uso frequente do substantivo, traduzido por "arrogância/insolência" [do hebraico, *hamon*] em Ezequiel)[7] (Oden).
- Comportamento violento.
- Aumento inevitável do barulho devido à sobrepopulação humana (Moran).
- Festejos.
- Perturbação da ordem (Oshima, Klein).

A questão é complicada, visto que o apoio para qualquer dessas opções pode ser gerado da lista de significados conotados pelo termo acadiano comum *rigmu*.[8] Para o nosso propósito, entretanto, não precisamos escolher entre esses significados, já que a perturbação da ordem caracteriza todos eles. Quando comparamos essa

---

of Form and Interpretation in Atrahasis" [Algumas considerações de forma e interpretação em Atrahasis] em *Language, Literature and History* [Língua, literatura e história], ed. F. Rochberg-Halton (New Haven: American Oriental Society, 1987), p. 245-56; Robert A. Oden Jr., "Divine Aspirations in Atrahasis and in Genesis 1—11" [Aspirações divinas em Atrahasis e em Gênesis 1—11], *ZAW* 93 (1981):197-216; Takayoshi Oshima, "'Let Us Sleep!' The Motif of Disturbing Resting Deities in Cuneiform Texts" [Deixe-nos dormir! O tema da perturbação de divindades em repouso em textos cuneiformes], em *Studia Mesopotamica*, ed. Manfried Dietrich, Kai A. Metzler e Hans Neumann (Münster: Ugarit-Verlag, 2014), p. 271-89.

[7] Bodi, *Book of Ezekiel* [Livro de Ezequiel], p. 161, conclui que o hebraico *sa'aqah* equivale ao acádio *rigmu*, e o hebraico *hamon*, ao acádio *huburu*.

[8] *Huburu* é muito mais incomum e controverso.

informação com a motivação dada no texto bíblico, o substantivo *hamas* (violência), especialmente quando combinado com o termo geral *ra'ah* (impiedade), remete a um elemento específico de corrupção moral.[9]

Ao mesmo tempo, porém, violência pode ser vista em geral como envolvendo diversos comportamentos, os quais contrastam com inúmeras palavras relacionadas a "descanso" e "ordem". Peter Machinist chama atenção a esse fato no épico mesopotâmico de *Erra e Ishum*. Palavras, ideias e comportamentos no lado *violento* da equação incluem raiva, exasperação, destruição, punição e barulho; no grupo pertencente a *descanso*, encontram-se apaziguamento, silêncio, cansaço e descanso, justiça e ordem.[10] À luz do uso desses temas que aparecem em contraste, obtemos uma perspectiva melhor de questões que modelam narrativas do dilúvio.

Em suma, todos os relatos sugerem que a situação que motivou os deuses a enviar o dilúvio foi o aumento crescente da desordem.[11] Tal perturbação da ordem assumirá características diferentes em qualquer cultura particular ou trecho literário, visto que o que constitui ordem cósmica e sua perturbação varia de cultura para cultura. O dilúvio é entendido em todos os relatos por ser motivado por uma desordem invasiva e o envio do dilúvio representa uma

---

[9] *Hamas* geralmente se refere a dano físico, especialmente assassinato, mas também pode se referir mais amplamente à injustiça ou opressão quando aplicado a um grupo.

[10] Peter Machinist, "Rest and Violence in the Poem of Erra" [Descanso e violência no poema de Erra] em *Studies in Literature from the Ancient Near East* [Estudos em literatura do Antigo Oriente Próximo], ed. J. M. Sasson (New Haven: American Oriental Society, 1984), p. 221-26, especialmente p. 224. O autor lista todos os termos acádios usados em cada uma das categorias. Repare também que, no relato bíblico, o mundo é caracterizado por violência, e Noé é identificado como aquele que trará descanso (Gênesis 5:29).

[11] "Desordens crônicas e crises, a partir das quais o mundo estava destinado a retornar a um estado caótico," Klein, "New Look" [Nova perspectiva], p. 167, e "uma ameaça para o equilíbrio cósmico", p. 172. Cf. Oshima, "Let Us Sleep!" [Deixe-nos dormir!], p. 285.

estratégia para a restauração da ordem. Embora todas as descrições sejam gerais, cada reflexão literária fornece a própria perspectiva do que caracteriza a desordem.

Abrangência do dilúvio

Os relatos mesopotâmicos são um tanto vagos em relação à abrangência do dilúvio. Em termos de extensão territorial, a única informação é encontrada em *Gilgamesh* após o término do dilúvio. Quando Utnapistim abre a janela, ele vê o litoral/ a beira do mar e catorze lugares onde a massa de terra era visível (11.140-41); assim, nem tudo fora totalmente submerso. Em termos populacionais, *Atrahasis* indica que "destruição total" havia sido ordenada pelos deuses, e *Gilgamesh*, observando o resultado do dilúvio, conta que "todas as pessoas haviam se transformado em barro" (11:135).

O relato de Gênesis oferece muito mais informação a esse respeito. A extensão geográfica do dilúvio é descrita de várias maneiras:

- "Foram cobertas todas as altas montanhas debaixo do céu" (Gênesis 7:19).
- "As águas subiram até quase sete metros acima das montanhas" (Gênesis 7:20).
- "As águas ainda cobriam toda a superfície da terra" (Gênesis 8:9).

Entretanto, diversos fatores tornam essas declarações menos específicas do que poderíamos imaginar. Em harmonia com o uso da hipérbole, a retórica do universalismo pode ser atestada em inúmeros lugares da Bíblia (para alguns exemplos, cf. Gênesis 41:57; Êxodo 9:6 [cf. Êxodo 9:19]; Deuteronômio 2:25). Exemplos na literatura antiga que empregam a linguagem retoricamente não são difíceis de encontrar. Um texto conhecido como *Geografia de Sargom* declara: "Sargom, Rei do Universo, conquistou todas as terras debaixo do céu".[12]

Quando voltamos nossa atenção ao impacto do dilúvio na humanidade, vemos, mais uma vez, que o texto bíblico é mais explícito do que as versões mesopotâmicas.

- "Farei desaparecer da face da terra o homem que criei" (Gênesis 6:7).
- "Darei fim a todos os seres humanos [...] Eu os destruirei com a terra" (Gênesis 6:13).
- "Eis que vou trazer águas sobre a terra, o Dilúvio, para destruir debaixo do céu toda criatura que tem fôlego de vida. Tudo o que há na terra perecerá" (Gênesis 6:17).
- "Farei desaparecer da face da terra todos os seres vivos que fiz" (Gênesis 7:4).
- "Todos os seres vivos que se movem sobre a terra pereceram: aves, rebanhos domésticos, animais selvagens, todas as pequenas criaturas que povoam a terra e toda a humanidade. Tudo o que havia em terra seca e tinha nas narinas o fôlego de vida morreu. Todos os seres vivos foram exterminados da face da terra; tanto os homens, como os animais grandes, os animais pequenos que se movem rente ao chão e as aves do céu foram exterminados da terra. Só restaram Noé e aqueles que com ele estavam na arca" (Gênesis 7:21-23).
- "Nunca mais destruirei todos os seres vivos como fiz desta vez" (Gênesis 8:21).

A maioria desses exemplos depende do uso da palavra hebraica traduzida por "todos", "toda" e "tudo", e o resultado seria o mesmo se aplicado em relação à quantidade de terra coberta — isto é, trata-se de exemplos de retórica universalista. Em Gênesis 7:23, há

[12] Wayne Horowitz, *Mesopotamian Cosmic Geography* [Geografia cósmica mesopotâmica] (Winona Lake: Eisenbrauns, 1998), p. 67-95.

uma exceção ao uso do termo: em lugar dele, temos *'ak*, partícula hebraica traduzida por "só": "só restaram Noé...".

Essa é uma tradução problemática. Se o texto quisesse destacar Noé e os que estavam com ele como os únicos sobreviventes, não esperaríamos o uso dessa palavra. Para denotar essa ideia, a construção normal pode ser observada em Jó 1:15-19 (4 vezes), passagem na qual "único" traduz a palavra hebraica *raq*. Visto que *'ak* geralmente é posta no início da frase em hebraico, exemplos comparáveis de construção sintática em Gênesis 7:23 (seguindo uma forma verbal *wayyiqtol*) são difíceis de identificar.[13] Sua ocorrência normalmente funciona como assertivo (p. ex., "certamente") ou adversativo (p. ex., "contudo"). Em qualquer dos casos, porém, a partícula deve iniciar a frase.

Em suma, tanto os textos em hebraico quanto em acádio são vagos no tocante aos sobreviventes humanos — o que não é de surpreender, visto que o conhecimento que as pessoas tinham sobre as áreas populacionais do mundo conhecido da época era limitado. A natureza ampla da destruição é indicada pelo uso da retórica universalista, empregada comumente no mundo antigo para acontecimentos cataclísmicos, especialmente os de natureza cósmica.

DURAÇÃO DO DILÚVIO

Relatos mesopotâmicos são consistentes ao indicar que o dilúvio durou sete dias e noites. A informação contrasta fortemente com o relato de Gênesis, segundo o qual a chuva dura quarenta dias e noites, enquanto todo o período mencionado no texto soma até um ano.[14] Considera-se que todos esses números foram formulados para

---

[13] As únicas outras ocorrências que consegui encontrar são diferentes porque o verbo conota "fala", situação em que *'ak* ainda inicia a frase.

[14] Artigos técnicos defendem vários modos como os diversos números que figuram no texto devem ser sobrepostos e, portanto, chegam a um número diferente

agregar valor retórico de forma consistente. Independentemente de o texto bíblico estar interessado em comentar sobre questões de calendário, conforme pensavam os intérpretes de Qumran,[15] evidências do mundo antigo e do uso bíblico indicam que não devemos ler esses períodos como designações específicas ou precisas de duração temporal. Não há como reconstruir por quanto tempo a chuva durou, nem a diminuição das águas após o dilúvio, a partir do texto bíblico. Não é esse o objetivo da informação que nos é dada; antes, seu propósito é transmitir o alcance enorme do cataclismo.

IDENTIFICAÇÃO DO HERÓI

Nomes dados ao herói do dilúvio têm em comum o fato de serem mais epítetos do que nomes propriamente ditos. Isso será discutido na proposição 11 (cf. nota 7). Além do nome, o papel do personagem também é digno de comparação. Quando a linhagem de Utnapistim é fornecida, o herói é identificado como filho de Ubar-tutu, o qual é, por sua vez, identificado na *Lista dos reis sumérios* como o último rei antes do dilúvio.[16] Ele governa a cidade de Shuruppak. Utnapistim também é incluído como um dos descendentes das Sentinelas, no apócrifo judaico *Livro dos gigantes*.[17]

Embora o status real do herói diluviano esteja, assim, confirmado, seu status sacerdotal é afirmado na versão suméria.[18] Em

---

total de dias. Mas uma das compreensões mais comuns estabelece a duração do dilúvio em 365 dias.

[15] 4Q252; cf. Jeremy D. Lyon, *Qumran Interpretation of the Genesis Flood* [Interpretação do dilúvio de Gênesis da perspectiva de Qumran] (Eugene: Pickwick, 2015), p. 69-94.

[16] Andrew George, *The Babylonian Gilgamesh Epic* [A epopeia babilônica de Gilgamesh] (Oxford: Oxford University Press, 2003), p. 154. A identificação persiste até o relato de Beroso, no período helenístico.

[17] John C. Reeves, "Utnapishtim in the Book of the Giants?" [Utnapistim no Livro dos gigantes?], *JBL* 112 (1993):110-15. Isso o incluiria entre os nefilins.

[18] *Gênesis de Eridu* refere-se a ele como um "sacerdote esplêndido" (COS 1:514).

outros relatos, o herói diluviano na Mesopotâmia é o predileto do deus Enki, assim como Noé é o favorito de Yahweh, porém nada na descrição sugere que qualquer um deles tenha tido uma posição sacerdotal.

Por último, devemos observar que o texto não é apenas discreto em relação à informação que fornece sobre Noé: o próprio Noé permanece totalmente em silêncio. Diferentemente de Abraão ou Moisés, o herói do dilúvio não é um personagem multifacetado: o narrador cita apenas características de Noé, mas não sua personalidade. Ele não reage frente ao anúncio de Deus; não questiona a respeito da arca ou dos animais; não roga em favor de qualquer outra pessoa; não clama por misericórdia; não salta de alegria com a perspectiva de ser salvo; não lamenta pelo mundo destruído; não demonstra impaciência na arca; não faz oração de ação de graças acompanhando o sacrifício.[19] O texto não podia ser mais claro: Noé exerce apenas um papel de coadjuvante em uma narrativa em que Deus é o ator principal.

Quem e o que é poupado

Noé é escolhido porque "era homem justo, íntegro entre o povo da sua época; ele andava com Deus" (Gênesis 6:9). Em contrapartida, a destruição decretada por Enlil devia ser total. Toda humanidade devia morrer, sem exceção. O deus Enki, porém, determinou salvar alguns, focalizando-se em seu predileto: Utnapistim. Ao fazê-lo, Enki trabalha contra a decisão do conselho divino, mas esse não é o único ato de deslealdade e trapaça.

Em versões mesopotâmicas, o herói do dilúvio, agindo sob o conselho de Enki, emprega uma estratégia de engano ao comunicar-se com a população de Shuruppak. Se fosse comunicado aos anciãos e ao povo que os deuses estavam irados e enviariam o dilúvio,

[19] Ellen Van Wolde, *Stories of the Beginning* [Histórias do princípio] (Ridgefield: Morehouse, 1996), p. 124.

todos desejariam entrar na embarcação; eles não adotariam uma postura cética. Diferentemente das tradições extrabíblicas relacionadas a Noé, nas quais o herói diluviano tenta persuadir o povo a juntar-se a ele na arca, Atrahasis deve dar uma explicação. Atrahasis deve sugerir que o problema não está com todo mundo, mas só com ele. Os deuses estão irados com Atrahasis, de modo que ele deve partir. Posteriormente, Atrahasis envolve as pessoas da cidade, que o ajudam na preparação de sua partida para o reino de Enki.

Conforme observado na última seção, Noé não é retratado como alguém que interage com as pessoas no texto de Gênesis. Os *Oráculos Sibilinos* refletem a opinião encontrada na literatura do Segundo Templo, segundo a qual Noé faz um discurso acalorado e longo, condenando o povo e anunciando o dilúvio.[20] No Novo Testamento, 2Pedro 2:5 menciona a pregação de Noé, mas não oferece nenhum detalhe. É provável que o texto reflita uma interpretação familiar do século I, advinda do período intertestamentário; contudo, certamente não reflete nada encontrado em Gênesis. Podemos imaginar que, como homem justo, Noé teria assumido algum tipo de postura contrária ao restante da população. No entanto, devemos permanecer concentrados na interpretação que o autor de Gênesis oferece em vez de nos envolvermos em elaboradas especulações.

Do ponto de vista do nosso rio cultural moderno, presumimos que a população reagiria ao anúncio de um dilúvio iminente com ceticismo. No rio cultural antigo, porém, esse não seria o caso. Povos antigos aceitariam prontamente o anúncio de que os deuses poderiam exterminar a todos. Antes de ridicularizarem Noé, o mais provável é que insistissem em embarcar.[21] Além disso, evidência textual aponta contra o envolvimento de Noé em atividade evangelística. Noé foi instruído precisamente a respeito de quem seria

[20] *Oráculos Sibilinos*, 1.175-233.

[21] Repare em quão prontamente o povo de Nínive aceitou, no livro de Jonas, a credibilidade do anúncio do profeta de destruição da cidade.

levado à arca, e o espaço foi reservado para oito pessoas. Nenhuma outra pessoa é avisada, e ninguém mais recebe a oportunidade.

Quando observamos pessoas às quais é concedida a entrada na arca em tradições mesopotâmicas, há um contraste em comparação com os oito membros de uma única família em Gênesis. *Atrahasis* e *Gênesis de Eridu* são vagos ou parciais, mas, na *Epopeia de Gilgamesh*, não apenas o herói e sua família são salvos, mas também diversos artesãos.[22] Isso sugere que a intenção era não apenas poupar a vida humana, mas salvar a cultura humana — de fato, preservar a sociedade e sua ordem.

Tanto nas tradições bíblica quanto mesopotâmica, animais são juntados dentro da arca. Em *Atrahasis*, a narrativa especifica o gado e animais da estepe.[23] Em *Gênesis de Eridu*, somente "animais pequenos" são incluídos.[24] Em *Gilgamesh*, a apresentação de animais é qualificada pela rubrica "qualquer semente que eu tivesse de coisas vivas".[25] Em Gênesis, categorias de animais são listadas inúmeras vezes (Gênesis 6:7, 19-20; 7:14; 8:17-19), dando, assim, mais detalhes do que qualquer texto equivalente do AOP. Outras comparações são encontradas na condução dos animais em pares (Gênesis 6:19-20; 7:15; bem como a Tabuleta da Arca) e na especificação de animais puros (Gênesis 7:2-3, 8; *Atrahasis* 3.2.32). Mesmo que o texto bíblico não estabeleça uma distinção entre animais puros e impuros até a Torá, a ideia de que alguns animais eram elegíveis e outros inelegíveis para uso sacrificial não é exclusiva à Lei de Moisés. Certamente, tradições diluvianas incluíam esse detalhe por anteciparem que alguns animais seriam oferecidos em sacrifício após o dilúvio.

Por fim, descobrimos que objetos de valor também eram levados a bordo — em *Gilgamesh*, especificamente prata e ouro

---

[22] Gilgamesh 11:85-86.

[23] *Atrahasis* 3:2:36-37; e *Gilgamesh* 11.86.

[24] *COS* 1:515.

[25] *Gilgamesh* 11.84, tradução de George, *Babylonian Gilgamesh Epic* [Epopeia babilônica de Gilgamesh], p. 709.

— remetendo, mais uma vez, à ideia de que o que está sendo salvo vai além de seres vivos.

Descrição do barco

Dimensões. Embora o formato da embarcação varie de um relato para outro, todas têm em comum o fato de as dimensões serem pouco práticas: nenhuma delas é navegável. Entretanto, não é incomum descobrir que descrições literárias relacionadas a dimensões sejam irrealistas na literatura do Oriente Próximo. Uma inclinação literária para a hipérbole talvez servisse de explicação, mas outros fatores também podem ser identificados.[26]

Um desses fatores é que, nas dimensões dadas, podermos ter exemplos do uso de "aritmética acadêmica". Andrew George propôs tal entendimento como explicação das dimensões do templo em Esagila, Babilônia.[27] Em sua conclusão, George declara:

> A tabuleta de Esagila, anteriormente entendida como que oferecendo uma descrição física acurada do zigurate babilônico, foi considerada um documento mais interessado em ideias abstratas do que em

---

[26] Cf. a proposição 5 para discussões a respeito de barcos de madeira no período moderno.

[27] Andrew George, "The Tower of Babel: Archeology, History and Cuneiform Texts" [Torre de Babel: arqueologia, história e textos cuneiformes] *AfO* 51 (2005):75-95. "O uso da linguagem extraída da aritmética acadêmica; o interesse na área combinada de dois átrios do templo vizinho de Esagila como material para exercício matemático (parágrafos 1-3); a presença, no mesmo documento, de medidas lineares baseadas em diferentes padrões cúbicos; e a apresentação de dimensões da base *E-temen-anki* como exemplos do modo pelo qual tais medidas podem ser convertidas em áreas, cada qual expressa em respectivos sistemas de capacidade-superfície — tudo isso indica que o texto é ainda mais abstrato e acadêmico do que o plano de um arquiteto. A suspeita deve ser que, como uma extrapolação de problemas aritméticos e geométricos, tomando como tema dimensões idealizadas das áreas interna e externa do templo de Marduque, o texto da Tabuleta de Esagila originou-se como uma compilação de exercícios práticos de matemática para aspirantes à pesquisa" (p. 77).

construções reais. Como resultado, levantou-se a questão de o zigurate, segundo descrito, ter sido realmente construído.[28]

Um segundo fator a ser considerado relaciona-se à comparação com a iconografia no mundo antigo. A representação da figura humana raramente representava o tamanho físico real do indivíduo; convenções e objetivos retóricos pesavam mais na representação (mesmo quando o meio permitia uma representação realista). Um bom exemplo é encontrado em relevos no templo de Karnak, onde o faraó é representado em tamanho gigante, muito maior do que qualquer ser humano. Em contraste, os inimigos derrotados por ele são pequenos.

Assim, quando o personagem é apresentado de forma maior ou menor, a representação não sugere o tamanho real do indivíduo. Antes, diversos elementos determinam o tamanho representado. O mesmo acontece com uma representação literária. Convenções e retórica determinam as dimensões literárias. O objetivo não é o realismo. Tamanho irrealista era reconhecido pelo público como uma convenção aceitável e não era a base para decidir se a representação era verdadeira ou não. Verdade dizia respeito à retórica, não a realismo.

À luz do reconhecimento da aritmética acadêmica no mundo antigo e da prática notada na iconografia de exagerar coisas importantes, sugerimos que nos diversos relatos há mais do que uso de hipérbole na dimensão das embarcações. A propósito: não estamos sugerindo que o barco tinha na verdade apenas metade do tamanho declarado e que ele foi aumentado em dobro como forma de engrandecimento da embarcação. As dimensões não são relativas ao tamanho fatual das embarcações. Alternativamente, a dimensão das embarcações pode ter sido elaborada com vistas a um efeito retórico. Nem a ironia de céticos acerca da impossibilidade das embarcações nem o arrazoado apologético sobre viabilidade e

---

[28] Ibid., 92.

realismo constituem o ponto central. Ambos os grupos estão lendo o texto através de filtros modernos e por isso esperam amoldá-lo à forma pela qual essa informação seria veiculada em nosso rio cultural.

Materiais. Nas versões mesopotâmicas, o herói do dilúvio é instruído a demolir sua casa (presumidamente uma cabana de junco que quase sempre aparece em algum trecho da narrativa) a fim de construir o barco. Em algumas interpretações, a arca remete ao espaço sagrado (formato de zigurate),[29] mas, em outras, remete ao formato típico de barcos (*coracle* arredondado). Seu material inclui junco, madeira e cordas; o todo é revestido com betume. Não há evidências que sugerem que a arca em Gênesis remete ao espaço sagrado. Antes, sua dimensão retangular sugere o formato padrão de barcos. Conforme observado anteriormente, isso não quer dizer que as dimensões sejam realistas (está patentemente claro que não).

Materiais listados em Gênesis 6:14 apresentam problemas para todos os intérpretes. As embarcações são chamadas de *tebah*, palavra que também descreve o pequeno cesto que manteve o bebê Moisés flutuando. O material de construção principal é geralmente entendido como um tipo de madeira, descrita como um *gopher*, termo que ocorre apenas aqui. O próximo termo é tradicionalmente traduzido por "compartimentos" (*qinnim*, não introduzido por uma preposição), também ocorrendo apenas aqui. Então, o ingrediente final é o betume para impermeabilizar a embarcação. O termo usado no texto (*kopher*) não é a palavra hebraica normal para betume; o vocábulo é emprestado do acádio (*kupru*).

Reconheceu-se recentemente que o segundo termo provavelmente não se refira a "compartimento", mas a "junco". Seria estranho

---

[29] Cory Crawford, "Noah's Architecture" [Arquitetura de Noé] em *Constructions of Sacred Space IV: Further Developments in Examining Ancient Israel's Social Space* [Construção de espaço sagrado IV: desenvolvimentos posteriores no exame do espaço social de Israel], ed. Mark K. George (Nova York: Bloomsbury, 2013), p. 1-22, esp. p. 14.

mencionar compartimentos neste ponto do texto, visto que ele não menciona o interior da arca senão mais para frente. A esta altura, o texto aborda materiais de construção. O uso de junco para vedar as madeiras (cobertas então com betume) não era apenas conhecido no mundo antigo, mas é talvez o modo como a construção da arca é descrita em relatos babilônicos.[30] Quer o junco fosse usado para preencher espaços na madeira ou para qualquer outro propósito, sua a utilização como material de construção é outra similaridade entre Gênesis e os relatos babilônicos. A menção do junco também sugere que, até certo ponto, o material era usado em construções em geral, além de representar um denominador comum entre a embarcação de Noé e o cesto de Moisés.[31]

Enquanto o segundo e terceiro termos são ambos empréstimos linguísticos do acádio, o primeiro, *gopher*, exclusivo no texto hebraico, também deve ser examinado como potencial empréstimo. Em Gênesis, temos *gopher* coberto de *kopher* (*kopher* é um empréstimo linguístico do acádio, *kupru*). Devemos esperar, então, que *gopher* seja um empréstimo do acádio a partir da palavra *gupru*. O interessante é que, em acádio, *gupru* significa "cabana de junco".[32]

Embora Noé não seja ordenado a desmontar nada e independentemente de ter utilizado algum material de sua casa, é possível que tenha construído seu barco a partir de talos de junco. Se for esse o caso, Gênesis 6:14 deve ser lido assim: "Você, porém, fará uma

---

[30] Compare o acádio *qa-ne-e* ao cognato hebraico *qanim*. John Day, "Rooms or Reeds in Noah's Ark? *qnym* in Genesis 6:14" [Compartimento ou junco na arca de Noé? *qnym* em Gênesis 6:14] em *Visions of Life in Biblical Times* [Perspectivas da vida nos tempos bíblicos], ed. Claire Gottlieb, Chaim Cohen e Mayer Gruber (Sheffield: Sheffield Phoenix, 2016), p. 47-57. Junco e trabalhadores de junco são mencionados em *Atrahasis* e *Gilgamesh*.

[31] Na passagem que descreve o cesto de Moisés, outra palavra é usada para junco porque o papiro, um tipo de junco, é especificado.

[32] *CAD* G 118, s.v. *gubru*. A palavra é usada na *Epopeia de Gilgamesh* (1.37); contudo, não é empregada no relato do dilúvio, trecho em que a palavra para "junco" é *kikkish* (11.21).

arca de talos extraídos de uma cabana de junco; (de) junco você fará a arca e a revestirá de piche por dentro e por fora".[33] Se estivermos corretos de que o relato bíblico faz uso de empréstimos linguísticos do acádio na descrição de materiais empregados na construção da arca, teremos razões a mais para acreditar que o autor bíblico estava familiarizado com tradições mesopotâmicas. Contra essa alegação, entretanto, há o argumento de que o fluxo narrativo relativo aos materiais de construção não segue especificamente nenhuma das tradições mesopotâmicas.

MECANISMOS DO DILÚVIO E GEOGRAFIA CÓSMICA

Conforme o esperado, tanto Gênesis quanto relatos do AOP descrevem o funcionamento da tempestade em termos de crenças da época relacionadas às esferas cósmica e divina. Em *Gilgamesh* e *Atrahasis*, o deus da tempestade vocifera e pisoteia a terra. Barragens/represas transbordam, e o povo experimenta relâmpagos, vendavais, escuridão e fortes chuvas — características típicas, senão extremas, de qualquer grande tempestade. Nada na descrição o caracteriza como um acontecimento único.

Naturalmente, a atuação de múltiplos deuses no reino divino não aparece no texto bíblico. Mas a esfera cósmica é entendida praticamente da mesma forma por todo o mundo antigo. A descrição em Gênesis 7:11 (cf. Gênesis 8:2) indica que "todas as fontes das grandes profundezas jorraram, e as comportas do céu se abriram". "Profundezas" (do hebraico, *tehom*; cf. Gênesis 1:2) refere-se ao oceano subterrâneo.[34] O Apsu não é figurado na descrição do

---

[33] A palavra hebraica para "talos", *'ets*, pode se referir a árvores, tábuas de árvore, acessórios feitos de árvore ou talos de plantas lenhosas. Repare, por exemplo, nos "talos de linho" em Josué 2:6. Na *Epopeia de Gilgamesh*, um dos materiais é "fibra de palmeira" (11.54). Se for esse o caso, o texto não se refere a madeira serrada, extraída de uma árvore *gopher*.

[34] *Tehom* é cognato do acádio *tamti*, referindo-se ao mar visível cósmico. Na passagem de Gênesis, porém, visto que as fontes "jorram", a referência deve ser

dilúvio em textos do AOP. Semelhantemente, relatos do AOP não abordam o jorrar do oceano cósmico (embora acreditassem existir águas cósmicas situadas acima de um céu sólido). Desse modo, visto que os mecanismos cósmicos citados em textos mesopotâmicos não incluem os dois grandes corpos de água que modelam o cosmos (águas acima e águas abaixo do firmamento), podemos ver que o dilúvio não é apresentado em versões do AOP como um acontecimento cósmico da mesma magnitude que o descrito em Gênesis.

Lugar de repouso

Em *Gilgamesh*, o lugar de repouso da arca é o monte Nimush (conhecido antigamente como Nisir), na cordilheira de Zagros, a leste do Tigre.[35] Na visão de mundo mesopotâmica, o mundo conhecido era composto de um único continente cercado por montanhas (tais como as cordilheiras de Zagros a leste e as montanhas de Ararate ao norte) rodeadas pelo mar cósmico. Essas montanhas definiam os limites de seu conhecimento do mundo, e a terra dessa maneira circunscrita era muito menor do que o modo pelo qual pensamos hoje em continentes. O mapa-múndi babilônico do século VI a.C. mostra os mares cósmicos rodeando uma massa de terra que termina na Assíria e Urartu.[36]

àquilo que em acádio é chamado de "Apsu": mares cósmicos subterrâneos. Para uma discussão detalhada, cf. Horowitz, *Mesopotamian Cosmic Geography* [Geografia cósmica mesopotâmica], p. 334-47. "Fontes que jorram" denota lugares de onde a água comumente emerge. Da mesma maneira, "comportas" ou "janelas" do céu descrevem o modo comum de onde as águas celestiais cósmicas entram na esfera humana. Consequentemente, restrições são tiradas de ambos os oceanos cósmicos (águas acima e águas abaixo do firmamento). Não existem paralelos à terminologia ou ao conceito de janelas do céu na literatura do AOP.

[35] Atual Pir Omar Gudrun. George, *Babylonian Gilgamesh Epic* [Epopeia babilônica de Gilgamesh], p. 1, 516.

[36] Horowitz, *Mesopotamian Cosmic Geography* [Geografia cósmica mesopotâmica], p. 321.

Em Gênesis, o lugar de repouso da arca é nas montanhas (plural, identificando, assim, uma cordilheira, não um único pico) de Ararate (= Urartu), cerca de 640 quilômetros ao norte do monte Nimush, embora ambos estejam localizados no atual Curdistão. É importante notar que, se a narrativa bíblica estivesse apenas adotando o relato mesopotâmico, podíamos esperar que Gênesis se referisse à mesma montanha. Se alguém sugerisse que o autor bíblico estava fazendo um empréstimo, porém mudou a montanha para associar o texto mais especificamente a Israel, certamente as montanhas de Ararate não fariam nenhum sentido. Trata-se, portanto, de uma distinção importante, visto não ser uma questão de interpretação diferente por culturas diferentes, mas de um detalhe específico.

Pássaros

O emprego de pássaros para descobrir se os sobreviventes podem desembarcar da arca foi considerada uma das evidências mais importantes para a interdependência de relatos bíblicos e mesopotâmicos, visto que a lógica do relato diluviano não exigiria, de forma inerente, tal episódio. Ao mesmo tempo, notamos que os pássaros são diferentes. Em *Gilgamesh*, a pomba é usada primeiro e depois retorna; o mesmo acontece, em seguida, com uma andorinha; finalmente, um corvo é enviado e não retorna. Pouco sabemos sobre o uso de pássaros para descobrir uma lógica capaz de explicar seu emprego em um contexto como o do dilúvio, ou o significado das diferenças entre tradições.

Sacrifício

Todos os relatos têm em comum a ideia de que, após o desembarque da arca, sobreviventes oferecem um sacrifício à divindade. Não é de surpreender que, em cada tradição, essa cena reflita diferenças profundas entre crenças de diferentes culturas. Na Mesopotâmia, a crença fundamental subjacente ao formato dos relatos é a Grande

Simbiose. O sacrifício provê alimento aos deuses, que, depois de sete dias sem comer, veem-no como o suprimento de uma necessidade; ao mesmo tempo, o sacrifício aplaca a ira dos deuses que motivaram o dilúvio. Assim, o fato de que os deuses precisam da humanidade é confirmado, e o resultado é que os deuses precisam ser mais cautelosos no futuro quanto a tomar uma atitude que trabalhará contra os seus interesses. É como se os deuses fossem repreendidos.

O relato bíblico, em contrapartida, harmoniza-se com o que os israelitas criam a respeito de Yahweh. Ele não tem necessidades e não ficou inexplicavelmente irritado de tal forma que tenha de se acalmar. O "aroma agradável" de Gênesis 8:21 funciona exatamente da mesma forma que no contexto do sistema sacrificial na Torá. Não há a percepção de que Noé interage com um deus necessitado que perde facilmente a calma.

Pós-dilúvio e destino do herói

Em relatos mesopotâmicos, os deuses têm de decidir o que fazer com os sobreviventes, visto que sua intenção era que não restasse ninguém. É nesse ponto que o discurso de sabedoria de Enki/Ea pode ser encontrado (*Atrahasis* e *Gilgamesh*). Ea, deus da sabedoria e responsável pela sobrevivência de Utnapistim, reprende Enlil, exclamando: "Que o pecado recaia sobre aquele que o cometeu! Retorne a maldade sobre aquele que a praticou!"[37] Assim, na interpretação mesopotâmica do acontecimento, podemos ver a ideia de que os deuses aprenderam uma lição: eles precisam da humanidade e devem ser mais discretos na maneira como lidam com ofensas. Em nenhum lugar transparece a ideia de que a humanidade deve aprender com o acontecimento.

---

[37] Andrew George, *The Babylonian Gilgamesh Epic* [A epopeia babilônica de Gilgamesh], p. 715 (11.185-86).

Um sinal é então dado por Nintu (em *Atrahasis*; Belet-ili em *Gilgamesh*), em seu papel de criadora da humanidade, como garantia de que nunca se esquecerá dessa derrocada engendrada pelos deuses. O sinal que ela dá é o colar lápis-lazúli que ela veste. Em *Atrahasis*, ela se refere especificamente às "moscas" como a joia ao redor de seu pescoço (3.6.2; *Gilgamesh* 11.164-67). O texto já havia indicado anteriormente que os deuses se juntaram "como moscas" ao redor do sacrifício oferecido (visto estarem famintos), assim como mencionara moscas que Anu fez para Belet-ili.[38] Colar de moscas era um conceito conhecido no mundo antigo,[39] e Anne Kilmer sugeriu que as asas iridescentes das moscas ofereceriam uma reminiscência visual do arco-íris de Gênesis.[40]

Voltemos agora nossa atenção ao destino do sobrevivente do dilúvio. Em *Gênesis de Eridu*, o reinado de Ziusudra é mais uma vez reconhecido, a quem é concedido "vida como a um deus, fazendo com que o sopro da vida eterna, como a de um deus, descesse sobre ele".[41] Ziusudra então recebe o privilégio de viver no monte Dilmun (atual Bahrein, considerado um lugar distante e semimítico na literatura mesopotâmica). Em *Gilgamesh*, Utnapistim e sua esposa são abençoados por Enlil (11.202) e, em vez de serem contados dentre a humanidade, serão agora como os deuses (11.203-4), vivendo em

---

[38] Cf. a discussão extensa em W. G. Lambert e A. R. Millard, *Atra-Hasis: The Babylonian Story of the Flood* [Atrahasis: a história babilônica do dilúvio] (Oxford: Clarendon Press, 1969), p. 163-64.

[39] Cf. a discussão e foto em John Walton, "Genesis" [Gênesis] em *The Zondervan Illustrated Bible Backgrounds Commentary: Old Testament* [Comentário bíblico ilustrado e contextualizado Zondervan: Antigo Testamento] (Grand Rapids: Zondervan, 2009), 1:53.

[40] Anne Draffkorn Kilmer, "The Symbolism of the Flies in the Mesopotamian Flood Myth and Some Further Implications" [O simbolismo das moscas no mito mesopotâmico do dilúvio e algumas implicações], em *Language, Literature and History* [Língua, literatura e história], ed. F. Rochberg-Halton (New Haven: American Oriental Society, 1987), p. 175-80.

[41] COS 1:515 (linhas 180-81).

lugares afastados, junto à foz dos rios (também identificados com Dilmun/ Bahrein).

Quando comparamos essa informação com Gênesis, uma gama intrigante de associações pode ser identificada. Na Mesopotâmia, o sinal é para a lembrança dos deuses — assim como para Deus, em Gênesis 9:15-16. Ambos servem a um propósito semelhante, independentemente de as moscas e o arco-íris estarem associados.[42] A principal diferença é que, na Mesopotâmia, o sinal serve como recordação do passado, enquanto em Gênesis ele está relacionado a uma aliança, a qual diz respeito ao modo como Deus trabalhará no futuro. Mais uma vez, temos um caso em que um elemento semelhante está presente na narrativa, porém é interpretado de diferentes maneiras nas respectivas tradições.

Em lugar do dizer sábio de Ea, Gênesis apresenta a aliança como ponto culminante do relato. Diferentemente da mensagem de sabedoria da *Epopeia de Gilgamesh*, que oferece um princípio pelo qual os deuses devem operar, a mensagem de sabedoria vem em termos de um compromisso (Gênesis 8:21) em vez de uma correção, seguido por um dizer sábio sobre a estabilidade da ordem (Gênesis 8:22). Contudo, na aliança com a humanidade, responsabilidade também é discutida (Gênesis 9:5-6) — não responsabilidade por Deus (conforme fora sugerido no discurso de Ea), mas para com o ser humano (e mesmo para com os animais). Como no caso anterior, elementos de história semelhantes, porém interpretados de maneira muito diferente. Todavia, não há nada nos relatos mesopotâmicos que se correlacione com a aliança em Gênesis.

Por fim, quando comparamos o novo destino do sobrevivente na Mesopotâmia com aquele encontrado em Gênesis, Adão nos vêm à mente, não Noé. Deus se refere a Adão ao dizer que o homem se tornou como os deuses (Gênesis 3:22), e é Adão que é levado

[42] É interessante notar que o sinal não é para as pessoas, mas para Deus.

(Gênesis 2:15) e realocado em um espaço sagrado.[43] Assim, o destino de Utnapistim pode ser comparado ao de Adão ao ser realocado no jardim e recebido acesso à árvore da vida. Mas Adão tornar-se como os deuses é consequência de comer da árvore da sabedoria, resultando na perda precisamente daquilo que é dado a Utnapistim. As mesmas questões estão sendo discutidas, mas a interpretação e perspectiva de Gênesis variam de modo notável do que encontramos na literatura do AOP.

Contexto histórico

Onde, na história, um babilônico localizaria o dilúvio? Obviamente, bem antes de Gilgamesh (rei de Uruk no início do período dinástico, meados do terceiro milênio a.C.). Diversos predecessores de Gilgamesh (p. ex., Enmerkar, Lugalbanda) são conhecidos a partir da literatura épica e ocorrem na *Lista dos reis sumérios* como regentes após o dilúvio. Nenhuma inscrição real data de antes do Período Dinástico Antigo (cujo início é em 2900),[44] visto que a escrita, antes desse período, dava ainda os primeiros passos (emergiu cerca de 3200 a.C.). De acordo com a interpretação que Jacobsen faz da lista e os cálculos resultantes, sete reis governaram durante o período entre o dilúvio e Enmerkar. Caso seja precisa (e muito ainda é incerto), a lista localizaria o dilúvio no fim do quarto milênio, no mínimo.

No registro bíblico, oito gerações são listadas entre Sem e Abraão. Embora seja reconhecido que não podemos usar genealogia ou lista de reis para "simplesmente fazer o cálculo" (cf. a proposição 10), ainda reconhecemos que a informação que temos nos remete à segunda metade do quarto milênio. Essa é uma estimativa

---

[43] O verbo hebraico usado no texto é cognato ao verbo acádio, o qual indica que Utnapistim é levado e realocado (11.206).

[44] Douglas Frayne, *Presargonic Period (2700-2350)* [Período pré-Sargom], RIME 1 (Toronto: University of Toronto, 2008) traz a compilação das primeiras inscrições reais.

bem imprecisa, porém a usamos aqui apenas para indicar que todas essas tradições têm em vista aproximadamente o mesmo período.

Uso literário e propósito

À medida que examinamos relatos diluvianos com respeito ao seu propósito literário, descobrimos uma boa parcela de continuidade. Embora o relato bíblico interprete o dilúvio de maneira diferente, ele compartilha, com relatos do AOP, a ideia de que o dilúvio foi representado como que estabelecendo uma nova ordem: sai o velho, entra o novo. Os deuses empregam forças assim para restaurar ordem ao perceberem que ela havia se deteriorado. Tanto na Bíblia quanto no AOP, o dilúvio é uma "reconfiguração da ordem". Essas narrativas retratam a não ordem (as águas cósmicas) como meio de eliminação da desordem (barulho, violência) e, por fim, o restabelecimento da ordem.

Conclusão

Para concluir, cremos que é melhor explicar semelhanças e diferenças entre as tradições bíblica e mesopotâmica não em termos de uma tradição tomando elementos da outra, mas em termos de Mesopotâmia e Israel flutuando no mesmo rio cultural.[45]

Cremos que a história remonta a um período bem anterior à invenção da escrita e, por isso, ao advento da literatura. No passado distante (embora não sejamos capazes de datá-lo agora), uma inundação devastadora matou muitas pessoas (cf. a proposição 14). Por razões descritas em outras partes deste livro, não cremos que o dilúvio tenha sido universal, mas cremos que ele tenha sido particularmente devastador. Não achamos possível datar o acontecimento, localizá-lo ou reconstruí-lo em nossos próprios termos.

[45] Cf. proposição 1.

Isso não é um problema, já que o acontecimento em si, com o qual todos no Oriente Próximo estão familiarizados, não constitui aquilo que é inspirado. O que é inspirado *de fato* e por isso veicula a revelação de Deus é a explicação teológico-literária fornecida pelo autor bíblico. Estamos interessados em como o compilador de Gênesis usou o dilúvio e como descreveu o que Deus fez através do dilúvio.

O dilúvio aconteceu no passado distante, e histórias sobre ele foram passadas oralmente por gerações, começando por aqueles que testemunharam o acontecimento. Semelhanças na narrativa do dilúvio entre *Gênesis de Eridu*, *Atrahasis*, a décima primeira tabuleta de Gilgamesh e o relato bíblico podem ser explicadas não necessariamente pelo empréstimo literário, mas pelo fato de que a história tem sido transmitida de geração em geração por aqueles que flutuam no mesmo rio cultural.

Imperativo para o entendimento da mensagem é a configuração particular dada por Israel a essa história compartilhada. Afinal, qualquer relato do acontecimento é culturalmente determinado. Devemos prestar atenção às diferenças em como o acontecimento é interpretado — como ele é ajustado por essa ou aquela cultura. Repetimos: a interpretação teológico-literária do acontecimento é inspirada, não o acontecimento em si.

Reparamos nas semelhanças óbvias e nas diferenças claras entre as histórias mesopotâmica e bíblica do dilúvio. Cremos realmente que a origem dessas histórias é um dilúvio devastador, e isso se encaixa com nosso entendimento de Gênesis 6—9 como uma "história teológica". Esse acontecimento foi integrado na mente das pessoas que passaram pela experiência (cf. a proposição 14).

No decorrer das gerações, a história foi transmitida oralmente e, com o tempo, em forma escrita, tornando-se um veículo importante para a entrega de uma mensagem teológica essencial. A mensagem teológica da história mesopotâmica é bem diferente da mensagem teológica do relato israelita. Devido às diferenças no relato diluviano de uma cultura para outra, podemos ver a natureza distintiva da narrativa israelita, particularmente em sua concepção do reino divino.

Outra maneira de pensar sobre semelhanças e diferenças é reconhecer que os israelitas estão inseridos em uma cultura antiga do Oriente Próximo e que Deus fala com eles no contexto dessa cultura. Deus lhes dá uma revelação que transcende a cultura, porém se comunica com eles dentro dessa cultura. Não se trata de impor o Antigo Oriente Próximo sobre a Bíblia (a Bíblia é um documento literário do AOP); antes, envolve o reconhecimento de que o autor bíblico está inserido no AOP. Cabe a nós entender a narrativa do dilúvio dentro de seu contexto original, algo que a proposição 8 buscou fazer.

Existem semelhanças suficientes para sugerir que o autor bíblico estava ciente das diversas tradições diluvianas do AOP, mas não para sugerir o uso de textos literários da Mesopotâmia. Nesse sentido, o relato bíblico é parte integral do mundo antigo, mas não devedor a qualquer tradição literária particular. A tradição do dilúvio era de conhecimento geral na Mesopotâmia, de modo que palavras específicas e aspectos idiossincráticos foram adaptados por aqueles que preservaram as tradições bíblicas. *Adaptados*, porém, é o termo chave, e isso seria verdade mesmo que eles tivessem de fato tido acesso aos textos literários. Adaptações nos ajudam a perceber maneiras nas quais o relato bíblico é distinto e significativo. Como o narrador *interpretou* a tradição do dilúvio constitui a mensagem autoritativa do texto.

A inspiração divina do texto bíblico não significa que ele surgiu sem o uso de fontes literárias;[46] o livro de Crônicas atesta o uso

[46] Admitir a possibilidade de fontes não significa aceitar a formulação clássica da teoria das fontes, comum nos estudos acadêmicos bíblicos (tal como fontes designadas como J e P). Trabalhos recentes lançaram dúvidas sobre o modo de entender o Pentateuco em geral e a história do dilúvio em particular. Cf. Joshua Berman, *Inconsistency in the Torah: Ancient Literary Convention and the Limits of*

explícito de fontes — algumas inspiradas, outras não. Uma pequena dívida para com fontes do AOP não negaria a autoridade interpretativa do acontecimento; contudo, essa dívida ainda não foi demonstrada e, no caso do dilúvio, nenhum texto mesopotâmico conhecido forneceu o que poderia ser considerado um texto-base para a produção da narrativa bíblica.[47]

O relato do dilúvio serve de boa ilustração sobre como podemos interpretar mal o texto bíblico quando tentamos lê-lo através das lentes do nosso rio cultural moderno. Precisamos vê-lo como um texto antigo a fim de não sermos distraídos por questionamentos modernos. Apenas então poderemos de fato entrar na narrativa e estaremos em posição para entender o ensino autoritativo do texto.

Source Criticism [Inconsistências na Torá: convenções literárias antigas e os limites da crítica de fontes] (Oxford: Oxford University Press, 2017), p. 236-68.

[47] Se quisermos ter uma ideia de como seria o empréstimo de um texto para o outro, podemos comparar o relato do dilúvio em *Gilgamesh* com o de *Atrahasis*. Linhas inteiras são usadas e seções inteiras, repetidas. Esse é o fator necessário para confirmar a dependência de tradições literárias particulares.

PARTE 3

TEXTO: ENTENDENDO O TEXTO BÍBLICO EM TERMOS LITERÁRIOS E TEOLÓGICOS

Proposição 9

Um dilúvio cataclísmico local é descrito intencionalmente como dilúvio global para fins retóricos e por razões teológicas

As proposições anteriores chegaram às seguintes conclusões:

Primeiro: o gênero literário de Gênesis é história teológica (cf. as proposições 2 e 3; e ainda, 11 e 14). A narrativa trata de acontecimentos fatuais, ocorridos no tempo e no espaço. Toda história é seletiva e interpretada segundo a intenção do autor ao comunicar-se com seu público. O foco do autor de Gênesis é teológico no sentido de ele estar interessado em descrever Deus e seu relacionamento com suas criaturas humanas.

Segundo: nesse sentido, Gênesis 1—11, e especificamente Gênesis 6—9, é história teológica e, assim, está em relação de continuidade com Gênesis 12—50. Entretanto, esses capítulos dizem respeito ao passado remoto, cujo foco é o relacionamento de Deus com o mundo inteiro, não com uma única família. Além disso, eles cobrem um período incrivelmente longo: da Criação até a época anterior a Abraão. Por essa razão, Gênesis 1—11, embora história teológica, tem particularidades significativas, especialmente no uso de linguagem figurada para descrever o passado, assim como nas semelhanças e diferenças que demonstra com obras literárias do AOP. Em outras palavras, eventos que estão por trás das histórias de Gênesis 1—11 (Criação, Queda, Caim e Abel, dilúvio, torre de

Babel) são reais, mas as narrativas são modeladas retoricamente a fim de apresentarem uma mensagem teológica. Acontecimentos não são inspirados; sua apresentação e interpretação, sim.

Terceiro: o relato bíblico descreve retoricamente o dilúvio como uma inundação global. Sob uma análise mais rigorosa, tentativas de interpretar o relato como se ele descrevesse apenas um dilúvio local não são persuasivas. Aqueles que argumentam em prol de uma interpretação diluviana local, bem como os que o interpretam como um dilúvio realmente global, falham em reconhecer o molde retórico da história. A motivação de defensores da teoria do dilúvio local é boa, visto que eles reconhecem que não há evidências para um dilúvio mundial e creem que a solução do problema, isto é, o aparente conflito entre a Bíblia e a geologia, está na reavaliação do texto bíblico. Assim, recusam-se a ignorar a falta de evidência para um dilúvio mundial em registros geológicos, mas também querem defender a veracidade do texto bíblico. Essa também é a nossa motivação; usamos, porém, uma abordagem diferente para lidar com essa questão, com base no que cremos estar mais em harmonia com a intenção do texto bíblico e da evidência científica.

Quarto: aceitamos a vasta conclusão científica de que registros geológicos não contêm evidências de um dilúvio global em nenhum ponto da história da terra (cf. a proposição 15). Rejeitamos tentativas desesperadas de um punhado de cientistas *outliers* que defendem o contrário. Na ocorrência de um dilúvio global, suas marcas seriam deixadas nos registros geológicos; tais marcas, porém, não existem. Reconhecer essa realidade não é ceder à "ciência ímpia", mas reconhecer que o estudo da natureza, o outro livro de Deus, serve, nas palavras do papa João Paulo II, para "purificar a religião" — neste caso, refinando nossa exegese.[1]

---

[1] João Paulo II, "To the Reverend George V. Coyne SJ, Director of the Vatican Observatory" [Ao reverendo George V. Coyne SJ, diretor do Observatório do Vaticano], 1 de junho de 1988, http://w2.vatican.va/content/john-paul-ii/en/letters/1988/documents/hf_jp-ii_let_19880601_padre-coyne.html.

Quinto: percebemos o uso de linguagem hiperbólica na apresentação da história do dilúvio. Hipérbole exagera a fim de produzir um efeito ou estabelecer uma ideia. A desordem causada pelo pecado é universal; o juízo é a destruição de quase toda a população para o restabelecimento da ordem, e as águas do dilúvio chegam a quase sete metros acima das montanhas. A arca é maior do que qualquer barco de madeira construído na história humana (até agora). Exploraremos a mensagem comunicada pelo uso dessa apresentação hiperbólica da história do dilúvio nas proposições seguintes.

Sexto: semelhanças entre os relatos bíblico e mesopotâmico do dilúvio resultam do fato de que os israelitas e os mesopotâmicos flutuam no mesmo rio cultural. O acontecimento que estimulou o surgimento dessas histórias estava no passado distante. Diferenças entre os relatos bíblico e mesopotâmico são de interesse primário para nós, visto que estamos interessados particularmente na apresentação literária e teológica da história. Mais uma vez, ressaltamos que, embora Deus esteja presente nos acontecimentos, eles não são inspirados; sua apresentação e interpretação, sim.

Assim, somos levados a concluir que Gênesis 6—9 diz respeito a um dilúvio local, descrito retoricamente como um dilúvio global a fim de estabelecer uma determinada ideia teológica. Tal ponto de vista honra o texto bíblico quando lido em seu contexto literário e cultural e também a evidência (ou falta de evidência) geológica.

Agora, chegamos ao ponto em que podemos desdobrar o propósito teológico que levou à modelagem retórica da narrativa. Nas proposições seguintes, defenderemos o caso de duas leituras teológico-literárias diferentes (embora uma não exclua a outra) de Gênesis 1—11, as quais nos servirão de guia enquanto posicionamos o relato do dilúvio no contexto da estratégia retórica de Gênesis.

A interpretação tradicional vê o dilúvio como um ato de juízo efetuado por Deus em resposta à degradação moral que veio a caracterizar a humanidade na época de Noé. Essa visão não apenas tem o apoio da análise textual de Gênesis, como também constitui a interpretação conhecida mais antiga do dilúvio (período do Segundo Templo) e a interpretação dada no Novo Testamento. Portanto, ela tem apoio exegético, é teologicamente acurada e representa uma dedução lógica.

Outra perspectiva, que não exclui a anterior, é a sugestão de que Gênesis 1—11 está interessado na seguinte progressão: não ordem, ordem e desordem. Nesse ponto de vista, o relato do dilúvio se focaliza mais em como Deus está restabelecendo um mínimo de ordem no mundo à medida que usa não ordem (águas cósmicas) para obliterar a desordem (maldade e violência). O dilúvio, claro, não apaga a desordem, como Deus reconhece em Gênesis 8:21. Mas ele reinicia o processo de ordenação, e Deus indica que a ordem restabelecida nunca mais será reiniciada por um dilúvio (8:21). Esta visão concentra a atenção no plano contínuo de Deus de estabelecer ordem (com vistas ao presente e ao futuro), além do ato de julgar o pecado (com vistas ao passado), embora ambas sejam perspectivas legítimas.

A questão em pauta não é determinar quais dessas perspectivas é a verdadeira. Intérpretes podem avançar ao avaliarem o valor *teológico* de cada uma delas, e *insights* importantes podem ser obtidos de ambas. Tal percepção teológica pode ser suplementada por uma abordagem *literária*, que busca determinar como explicar o fluxo narrativo de Gênesis 1—11. A visão tradicional enxerga o dilúvio ao longo de outros episódios que mostram a falha moral e a resposta divina em juízo. Narrativas de Adão e Eva, Caim e Abel e a indiscrição de Cam se enquadram facilmente nesse perfil. As outras narrativas de Gênesis 1—11, os filhos de Deus e a torre de Babel mostram claramente que Deus está descontente com a direção tomada e administra ações corretivas. No caso desses dois últimos episódios, Deus responde a uma situação com desaprovação. Está menos claro se eles são culpados de falha moral (lembre-se que, na Torá, *impureza* também sugere a desaprovação de Deus, ainda que não seja uma falha moral). Para fins deste livro, basta-nos reconhecer o padrão ao longo das narrativas de Gênesis 1—11, segundo as quais o ser humano se desvia da vontade de Deus, o qual, por sua vez, responde com as consequências. Essa perspectiva será resumida na proposição 10.

A interpretação ordem-desordem da estratégia retórica explica todos os episódios negativos; explica também elementos como as genealogias e a tabela das nações. Essa perspectiva será traçada com maiores detalhes nas proposições 11 e 12.

Nenhum ponto de vista anula o outro, e não temos necessidade de escolher entre ambos. A ideia importante que tentamos estabelecer é que a interpretação teológico-literária da passagem (independentemente do caminho que percorremos) prevalece sobre a compulsão que podemos sentir de reconstruir o acontecimento em si. Defendemos, antes, que a interpretação do acontecimento feita pelo autor bíblico é o que mais importa, e exige nossa atenção como intérpretes.

Antes que possamos traçar de fato essas duas abordagens teológicas, precisamos falar algo sobre metodologia. Quando lidamos com eventos no texto bíblico, devemos empregar a mesma abordagem adequada para o entendimento de personagens usados nas narrativas bíblicas. Ainda que estejamos lidando com pessoas reais em um passado real, o que o narrador faz com o personagem é mais importante do que aquilo que o personagem faz. E o que Deus faz através do personagem é o mais importante de tudo. Esse princípio coloca a autoridade nos níveis literário (o que o narrador faz) e teológico (o que Deus está fazendo).

Quando interpretamos acontecimentos como o dilúvio, devemos aplicar o mesmo critério: o que o narrador faz com o dilúvio é mais importante do que o dilúvio, e o que Deus faz através do dilúvio é o mais importante de tudo. Se é esse o caso, então precisamos articular persuasivamente o que ambos, Deus e o narrador, estão fazendo através do dilúvio. Alguém que crê em um dilúvio global diria que Deus está inundando todo o globo e destruindo toda a humanidade. Estamos apresentando um entendimento alternativo, baseado nos aspectos literários e retóricos do relato inspirado.

Assim como não podemos olhar por trás da cortina literária para ver nos bastidores como os personagens "realmente eram" (como em um teste de personalidade do tipo Myers-Briggs ou eneagrama de personalidade), não há como, semelhantemente, olhar por trás da cortina literária para reconstruir a realidade científica do dilúvio. Além do mais, o Novo Testamento tem apenas essa mesma cortina literária com a qual trabalhar (mais as tradições que se desenvolveram nesse ínterim). Escritores do Novo Testamento não têm acesso independente ao acontecimento. Sua inspiração não lhes garante informação privilegiada, apenas interpretação autoritativa do significado do dilúvio e sua aplicação.

Outro fato importante é que escritores do Novo Testamento podem selecionar algo diferente em sua interpretação do dilúvio com o propósito de elucidar uma perspectiva diferente daquela intencionada por Gênesis — ou seja, podem realinhar o propósito narrativo de uma passagem do Antigo Testamento. Como intérpretes, não precisamos posicionar interpretações diversas umas contra as outras, mas podemos aceitá-las como interpretações legítimas do mesmo acontecimento.

Podemos testemunhar diversas análises do dilúvio quando examinamos as primeiras interpretações encontradas no período intertestamentário. Ao voltarmos a atenção a esses escritos, não devemos nos surpreender que os intérpretes estão menos interessados no molde retórico da narrativa de Gênesis. Judeus do Segundo Templo seguem a própria pauta teológica, associada ao tempo em que viveram. Como é verdade de muitos intérpretes no decorrer da história, eles estão preocupados em realinhar narrativas bíblicas com vistas a um foco contemporâneo.[2] Eis as principais caraterísticas que encontramos nessa literatura:

---

[2] Jeremy D. Lyon, *Qumran Interpretation of the Genesis Flood* [Interpretação do dilúvio de Gênesis da perspectiva dos manuscritos de Qumran] (Eugene: Pickwick,

- A piedade de Noé;
- o papel das sentinelas;
- a conexão entre Éden, Lubar (onde dizem que a arca veio a repousar) e a terra prometida;
- cronologia do dilúvio e calendário festivo;
- inversão e renovação da criação;
- conexão entre o dilúvio e o juízo escatológico; e
- foco nas implicações para o presente e o futuro.

Nesses documentos, assim como no Novo Testamento, podemos ver uma interação com *1Enoque*. Nessa obra, o dilúvio é interpretado principalmente como um ato de juízo destinado a purificar a terra.[3] Esses textos devotam certa atenção às questões que identificamos no contexto de Gênesis (inversão e renovação da Criação), mas não se limitam a essa interpretação. A ira de Deus e a motivação de punir o pecado tomam posição central nesses tratamentos helenistas.

Ao mesmo tempo, é importante notar que os textos não dão muita atenção à reconstrução do acontecimento. Eles não manifestam interesse estritamente empírico e presumem o universalismo baseado em seu entendimento do acontecimento como arquetípico (i.e., um ato de juízo conectado ao juízo escatológico). Essas interpretações tratam o texto em termos figurados (como ilustrações de um juízo futuro, da graça divina, de relacionamentos teológicos e temáticos). O escopo científico de um acontecimento literal, analisado com base em evidência empírica, é de pouco interesse para os intérpretes intertestamentários.

2015). O autor inclui os seguintes apócrifos de Gênesis: *Commentary on Genesis A* [Comentário de Gênesis A] (4Q252), *Exhortation Based on the Flood* [Exortação baseada no dilúvio] (4Q370) e *Paraphrase of Genesis and Exodus* [Paráfrase de Gênesis e Êxodo] (4Q422).

[3] Cf. 1Enoque 10:20-22; cf. 1Pedro 3:20-21.

Ao nos voltarmos para o Novo Testamento, descobrimos que os autores realçam o aspecto punitivo do dilúvio da mesma forma que a literatura do Segundo Templo. O dilúvio foi um juízo tão memorável que serve de ilustração no Novo Testamento ao tipo de juízo que sobrevirá ao ímpio. Pedro o utiliza, por exemplo, em conexão com o juízo que antevia recair sobre os falsos mestres. Acerca deles, o apóstolo afirma:

> No passado surgiram falsos profetas no meio do povo, como também surgirão entre vocês falsos mestres. Estes introduzirão secretamente heresias destruidoras, chegando a negar o Soberano que os resgatou, trazendo sobre si mesmos repentina destruição. Muitos seguirão os caminhos vergonhosos desses homens e, por causa deles, será difamado o caminho da verdade. Em sua cobiça, tais mestres os explorarão com histórias que inventaram. Há muito tempo a sua condenação paira sobre eles, e a sua destruição não tarda (2Pedro 2:1-3).

O juízo que está por vir sobre esses falsos mestres é então relacionado aos grandes juízos do Antigo Testamento: "Pois Deus não poupou os anjos que pecaram, mas os lançou no inferno, prendendo-os em abismos tenebrosos a fim de serem reservados para o juízo [referência a Gênesis 6:1-3]. Ele não poupou o mundo antigo quando trouxe o Dilúvio sobre aquele povo ímpio..." (2Pedro 2:4-5).

Assim, a história do dilúvio antecipa juízos futuros, como é comum na literatura do Segundo Templo. De fato, o juízo do tempo do dilúvio foi tão dramático que autores do Novo Testamento o usaram em antecipação ao maior juízo de todos: aquele que ocorrerá no fim da história, quando Jesus retornar pela segunda vez:

> Como foi nos dias de Noé, assim também será na vinda do Filho do homem. Pois nos dias anteriores ao Dilúvio, o povo vivia comendo e bebendo, casando-se e dando-se em casamento, até o dia em que Noé entrou na arca; e eles nada perceberam, até que veio o Dilúvio e os

levou a todos. Assim acontecerá na vinda do Filho do homem (Mateus 24:37-39).

O Novo Testamento, assim, adota a história do dilúvio como ilustração da verdade de que o nosso Deus é um Deus que julga o pecado. Ele não tolera a desobediência, visto entender que a propensão de nos autopromover à custa dele não conduz ao nosso florescimento, mas à nossa deterioração. Nesse aspecto, o dilúvio é usado como narrativa arquetípica do juízo escatológico futuro.

Antes de concluirmos nosso olhar sobre o tema do juízo na narrativa do dilúvio, precisamos abordar mais uma questão. Aos que defendem uma leitura simples de Gênesis 6—9 e insistem em um dilúvio universal, é comum o seguinte argumento: passagens do Novo Testamento referentes ao dilúvio mostram como seus autores (incluindo Jesus, citado em Mateus 24) criam em um dilúvio histórico e global. Se *eles* criam que o dilúvio global foi histórico, quem somos nós para dizer o contrário, mesmo na ausência de evidências científicas?

Trata-se de um argumento enganoso. Autores do Novo Testamento (incluindo o próprio Jesus) fazem referência à história de Gênesis 6—9, a qual, conforme admitimos prontamente, descreve o dilúvio em termos universais. Argumentamos que os autores do Novo Testamento, bem como Jesus, eram sofisticados o bastante para entender isso — mesmo que alguns leitores modernos, não.

A partir desta pequena sondagem da literatura do Segundo Templo e do Novo Testamento, vimos que não é incomum a diferentes autores usarem um acontecimento conhecido para elaborarem diversas ideias teológicas e retóricas. Tendo realizado uma análise breve do que a literatura do Segundo Templo faz com a narrativa do dilúvio, precisamos voltar nossa atenção à tarefa interpretativa de determinar o que o compilador de Gênesis está fazendo em Gênesis 1—11 em geral e com o dilúvio em particular.

Proposição 10

O relato do dilúvio é parte de uma sequência de pecado e julgamento e serve de pano de fundo para a aliança

Nossa visão foi estabelecida: um dilúvio real, de impacto universal, foi o ímpeto para a história encontrada em Gênesis 6—9, que descreve esse dilúvio usando hipérbole, como um acontecimento mundial, por razões teológicas. Visto que a interpretação do acontecimento dado em Gênesis é o fator que carrega autoridade, devemos entender como o narrador bíblico modelou Gênesis 1—11. Ao atentarmos para a apresentação literária, notamos que a história do dilúvio tem a mesma estrutura e segue o mesmo padrão literário que o relato do primeiro pecado, em Gênesis 3. Ambas as histórias descrevem como o pecado é respondido com juízo e graça divinos. Descreveremos brevemente o desdobrar desse padrão.

Antes, porém, de realizarmos essa análise, devemos fazer uma ressalva importante. Mesmo que apresentemos o dilúvio de Gênesis como que trazendo juízo, queremos advertir fortemente o leitor de que tal interpretação não nos dá um precedente para a interpretação de qualquer outra inundação (ou de calamidades semelhantes), antigas ou modernas, como resultado do juízo divino. Nossa habilidade de identificar uma catástrofe como juízo divino depende inteiramente da presença de uma voz autoritativa para interpretá-la.

A Bíblia fornece tal interpretação autoritativa para o dilúvio de Gênesis; não temos essa voz autoritativa para interpretar outros acontecimentos que ocorram em nosso meio. Nem toda catástrofe é manifestação da ira ou do juízo de Deus.

Gênesis 1—3

Gênesis abre com um relato da Criação (capítulos 1—2). Deus cria o cosmos e toda a vida, incluindo a vida humana. No início da história, homem e mulher são moralmente inocentes e vivem em uma condição de bênção. Isso significa que ambos têm um relacionamento harmonioso com Deus, um com o outro e com a própria criação.

Gênesis 3, então, descreve o primeiro pecado humano. Adão e Eva rejeitam o mandamento de Deus e insistem em decidir por si mesmos o certo e o errado. Por causa de sua rebelião, desordem e pecado passam a fazer parte da experiência humana, e a morte se torna inevitável (conforme Paulo explicará em Romanos 5:12-21). Deus julga o ser humano por seu pecado e, como resultado, homem e mulher não vivem mais em uma condição abençoada.

Enquanto o leitor esperaria que a história se movesse diretamente do pecado para a execução do juízo, não é o que acontece. No que veremos tornar-se um padrão recorrente, ouvimos em seguida o que pode ser chamado de sinal de graça: "O Senhor Deus fez roupas de pele e com elas vestiu Adão e sua mulher" (Gênesis 3:21). O gesto soa simples o bastante, mas, na verdade, é extremamente profundo. A provisão de vestimentas mostra o cuidado contínuo de Deus por suas criaturas pecadoras, ajudando-as naquilo em que agora se sentem vulneráveis — ainda que sua vulnerabilidade seja resultado de seu próprio ato de rebelião.

A história, contudo, não termina com a menção do sinal de graça, mas prossegue para a conclusão ao narrar a execução do juízo. O capítulo termina contando ao leitor que Deus expulsa Adão e Eva do jardim. Ambos não vivem mais em uma condição de bênção, porém devem lutar agora contra a hostilidade, a disfunção relacional, o trabalho árduo e mesmo a morte.

Histórias em Gênesis 4—11 seguem o mesmo padrão geral visto em Gênesis 3. Elas são relatos do pecado humano, seguidos por um discurso de juízo e terminando com uma descrição de juízo. Entre a declaração divina de juízo e a execução do juízo ocorre um sinal da graça de Deus.

Caim mata seu irmão Abel (Gênesis 4:8); Deus anuncia seu juízo (Gênesis 4:11-12) e o executa (Gênesis 4:16); antes, porém, de fazê-lo, demonstra sua graça ao pecador Caim, dando-lhe uma marca para preservá-lo de violência (Gênesis 4:15).

Logo, entretanto, o pecado humano aumenta e chega a proporções titânicas (Gênesis 6:5, 11-12). Deus decide erradicar a humanidade pecadora por meio de um dilúvio e anuncia sua intenção de fazê-lo (Gênesis 6:7, 13-21). Ele envia o dilúvio (Gênesis 7:6-24), mas também estende sua graça ao permitir que a humanidade sobreviva a catástrofe, ordenando a Noé que construa uma arca e faça embarcar sua família e os animais (Gênesis 6:8, 18-21).

Em Gênesis 6:11-13, Deus anuncia seu juízo enquanto descreve a profunda depravação humana (cf. também Gênesis 6:6-7). Em seguida, ele anuncia de modo mais específico que trará fim a toda criatura, especialmente a humanidade, por meio de um dilúvio: "Eis que vou trazer águas sobre a terra, o Dilúvio, para destruir debaixo do céu toda criatura que tem fôlego de vida" (Gênesis 6:17).

Como vimos nas duas histórias anteriores, a Queda e o assassinato de Abel, Deus aplica seu juízo (Gênesis 7:6-24), mas não sem antes, mais uma vez, oferecer um sinal de graça, uma prova de que não abandonará completamente o ser humano que criou. O narrador nos diz que "Noé era homem justo, íntegro entre o povo da sua época; ele andava com Deus" (Gênesis 6:9). Ouvimos, então, a instrução de Deus para Noé se preparar para o dilúvio vindouro, construindo um barco, chamando sua família e reunindo animais de todo tipo. Assim, a despeito desse juízo devastador, a humanidade sobrevive.

O dilúvio é um juízo tão devastador que chegou a ser descrito como um ato de "des-criação".[1] Retornando à abertura de Gênesis, lemos: "No princípio Deus criou os céus e a terra. Era a terra sem forma e vazia [*tohu wabohu*]; trevas cobriam a face do abismo, e o Espírito de Deus se movia sobre a face das águas" (1:1-2).[2] Antes de a terra ser trazida por Deus a um estado de ordem funcional, ela era "sem forma e vazia". É provável, senão certo, que o autor deseja que pensemos na terra como água não diferenciada. Dessa massa de água sem forma e vazia, Deus cria uma terra funcional e vívida. O dilúvio, então, é um retorno para a massa de água, um estado *tohu wabohu*.

O padrão que identificamos também explica a abundância de alusões intertextuais em Gênesis 9:1-17 e Gênesis 1—2, bem como em Gênesis 9:18-29. Observamos, então, que uma forma de lermos Gênesis 1—9 é ao longo das linhas de criação — des-criação — recriação.

O propósito desta seção é observar que a história do dilúvio se encaixa no padrão estabelecido pelo relato do primeiro pecado e continuado pela narrativa concernente a Caim e Abel. Essas são histórias sobre o pecado, seguidas por um decreto divino de juízo e, por fim, execução de juízo. Entre, porém, o discurso de juízo e sua execução, vimos a menção consistente de um sinal de graça. Assim, essas histórias destacam três principais pontos teológicos:

---

[1] David J. A. Clines, *The Theme of the Pentateuch* [O tema do Pentateuco] (Sheffield: JSOT Press, 1978), p. 73-77.

[2] A versão portuguesa "O Livro" representa outra possibilidade de tradução: "Quando Deus começou criando o firmamento e a Terra, esta era de início um caos e como uma massa amorfa, com o Espírito de Deus planando sobre os vapores que enchiam as trevas". Embora essa tradução possa estar de fato correta, sua diferença com a NVI não afeta o ponto que queremos estabelecer.

1. O ser humano é pecador.
2. Deus julga pecadores de modo consistente.
3. Deus permanece gracioso para com suas criaturas pecadoras.

Agora estamos prontos para voltar nossa atenção à graça evidente na narrativa do dilúvio — particularmente na aliança que Deus faz com Noé. Primeiro, Noé e sua família não merecem sobreviver ao dilúvio. Noé não ganha o direito de viver por causa de sua justiça — nem, certamente, o restante de sua família.[3] Mas Deus deseja buscar ordem e reconciliação; por isso, seu amor por sua criatura humana o leva não apenas a ordenar a construção da arca para que ela seja salva, mas a entrar em uma aliança com Noé após a diminuição das águas.

Enquanto Deus dá instruções a Noé sobre o dilúvio que está por vir e a construção da arca, também anuncia: "Tudo que há na terra perecerá. Mas com você estabelecerei a minha aliança" (Gênesis 6:17-18). E, conforme havia prometido, depois de Noé desembarcar da arca e oferecer um sacrifício a Deus, ele diz a Noé e aos seus filhos:

> Vou estabelecer a minha aliança com vocês e com os seus futuros descendentes, e com todo ser vivo que está com vocês: as aves, os rebanhos domésticos e os animais selvagens, todos os que saíram da arca com vocês, todos os seres vivos da terra. Estabeleço uma aliança com vocês: Nunca mais será ceifada nenhuma forma de vida pelas águas de um dilúvio; nunca mais haverá dilúvio para destruir a terra (Gênesis 9:9-11).

O termo *aliança* (*berit*) aparece pela primeira vez, em conexão com Noé. Uma aliança, conforme a tradução em português corretamente sugere, é um acordo formal entre dois grupos. Nessa aliança,

---

[3] Carol M. Kaminski, *Was Noah Good? Finding Favour in the Flood Narrative* [Noé era bom? Encontrando favor na narrativa do dilúvio] (Londres: T&T Clark, 2014).

Deus se compromete com a continuidade do mundo e seus habitantes. Embora as palavras sejam dirigidas a Noé e aos seus filhos, o compromisso é dado não apenas a eles, mas a toda a criação e criatura. Eles não precisam viver com medo de que Deus trará periodicamente a criação a um fim. A despeito do pecado humano, Deus promete:

> Nunca mais amaldiçoarei a terra por causa do homem, pois o seu coração é inteiramente inclinado para o mal desde a infância. E nunca mais destruirei todos os seres vivos como fiz desta vez.
>
> Enquanto durar a terra,
> plantio e colheita,
> frio e calor,
> verão e inverno
> dia e noite
> jamais cessarão (Gênesis 8:21-22).

Mais uma vez, esse retorno a um estado funcional e ordenado é um ato de graça — além da graça que levou Deus a poupar Noé e sua família. A despeito do pecado humano (que merece a morte), Deus não acabará com o ser humano.

Deus então proclama um "sinal" que o lembrará de seu compromisso:

> E Deus prosseguiu: "Este é o sinal da aliança que estou fazendo entre mim e vocês e com todos os seres vivos que estão com vocês, para todas as gerações futuras: o meu arco que coloquei nas nuvens. Será o sinal da minha aliança com a terra.
>
> Quando eu trouxer nuvens sobre a terra e nelas aparecer o arco-íris, então me lembrarei da minha aliança com vocês e com os seres vivos de todas as espécies. Nunca mais as águas se tornarão um dilúvio para destruir toda forma de vida. Toda vez que o arco-íris estiver nas nuvens, olharei para ele e me lembrarei da aliança eterna entre Deus e todos os seres vivos de todas as espécies que vivem na terra".

> Concluindo, disse Deus a Noé: "Este é o sinal da aliança que estabeleci entre mim e toda forma de vida que há sobre a terra" (Gênesis 9:12-17).

Porque essa aliança é a primeira mencionada explicitamente na Escritura, o arco-íris é o primeiro sinal da aliança. Posteriormente, veremos que a circuncisão é o sinal da aliança abraâmica (Gênesis 17:9-14), o sábado é o sinal da aliança mosaica (Êxodo 31:12-18) e a ceia do Senhor, o sinal da nova aliança (Lucas 22:20).[4] Esses sinais são como marcas, pois servem de lembrete aos participantes da aliança a respeito do relacionamento especial entre eles. No caso do arco-íris, Deus diz que o sinal servirá especialmente para lembrá-lo de seu compromisso com os seres vivos, humanos e animais, permitindo a continuação da criação ao não mais trazer um dilúvio.

Não é de surpreender que sinais estejam relacionados integralmente ao caráter específico da aliança com a qual estão atrelados. No caso do sinal da aliança com Noé, o arco-íris surge depois da tempestade, sinalizando, assim, a cessação do dilúvio.[5]

Retornando ao tema desta proposição, aliança é produto da graça de Deus. A humanidade merece sofrer extinção depois de sua rebelião repetida e profunda contra aquele que a criou. Contudo, Deus determina não acabar com sua criação e criatura, mas recomeçar. A aliança estabelece o contexto para toda a narrativa do dilúvio. A narrativa, por sua vez, encontra seu foco principal na aliança, visto que ela conclui a narrativa.

---

[4] Curiosamente, e por razões que não entendemos, a aliança davídica (2Samuel 7) não tem nenhum sinal conectado a ela.

[5] Em contrapartida, quando um arco-íris aparece em textos de adivinhação astrológica, ele serve de sinal maléfico em cinco de oito ocorrências. W. Horowitz, "All About Rainbows" [Tudo sobre arco-íris] em *Laws of Heaven—Laws of Nature: Legal Interpretations of Cosmic Phenomena in the Ancient World* [Leis do céu, leis da natureza: interpretações legais de fenômenos cósmicos no mundo antigo], ed. K. Schmid e C. Uehlinger, OBO 276 (Göttingen: Vandenhoeck e Ruprecht, 2016), p. 40-51.

Apesar disso, ecos intertextuais que observamos são acompanhados de um lado obscuro, já que o ser humano vive à luz da Queda. Noé e seus filhos não são como Adão e Eva, isto é, moralmente inocentes. Assim, aprendemos que há desarmonia na criação entre seres humanos e as quatro classes de seres criados.

> Todos os animais da terra tremerão de medo diante de vocês: os animais selvagens, as aves do céu, as criaturas que se movem rente ao chão e os peixes do mar; eles estão entregues em suas mãos. Tudo o que vive e se move servirá de alimento para vocês. Assim como lhes dei os vegetais, agora lhes dou todas as coisas (Gênesis 9:2-3).

Esse lado obscuro também acompanha a linguagem acerca da imagem de Deus, tópico raro no Antigo Testamento que, no entanto, conecta os capítulos 1 e 9 de Gênesis. No capítulo 9, entretanto, a referência à imagem está conectada ao tópico do homicídio, quando Deus diz a Noé e seus filhos:

> Quem derramar sangue do homem,
> pelo homem seu sangue será derramado;
> porque à imagem de Deus
> foi o homem criado (Gênesis 9:6).

Teólogos escutam essas alusões intertextuais, notam a natureza do relacionamento entre Deus e os primeiros humanos em Gênesis 2 — capítulo em que há um mandamento, com ameaça de punição, de não comer da árvore do conhecimento do bem e do mal — e sugerem ser apropriado referir-se ao relacionamento entre Adão e Deus como uma "aliança de criação", embora o termo não seja usado. A ideia receberia mais apoio para os que consideram que Adão e Eva foram selecionados para servirem a um papel específico no jardim. Se for esse o caso, então devemos nos referir à aliança com Noé como uma aliança de recriação. Mais uma vez, Deus, por sua graça, dá à humanidade um novo começo após o término do dilúvio. Além disso, ele se compromete em preservar a humanidade e o restante da criação a despeito de qualquer coisa.

EXCURSO: GENEALOGIAS

As histórias em Gênesis 1—11 são conectadas por diversas genealogias (por exemplo: Gênesis 4:17—5:32; 10; 11:10-26; há também genealogias em outros trechos do livro [36:9-30]). Genealogias, portanto, contribuem com a estratégia retórica e justificam uma breve explicação.

Propomos que, embora as genealogias apontem que o autor tem interesses históricos, elas não podem ser usadas para determinar cronologia. Genealogias do AOP não são elaboradas apenas para fins histórico-genéticos. Lembre-se: precisamos ler essas genealogias em seu ambiente cognitivo, não com expectativas modernas. Dito isto, enquanto não podemos lê-las como genealogias modernas, evidências do AOP sugerem que os nomes nas genealogias representam em geral pessoas reais em um passado real.

A análise de genealogias do mundo antigo sugere que elas são fluidas — ou seja, podem variar em ordem de apresentação com o objetivo de refletir realidades sociais e perspectivas contemporâneas. Em primeiro lugar, genealogias antigas não têm a intenção de serem exaustivas, de modo que não podemos apenas "fazer o cálculo" e reconstruir de Abraão a Noé e de volta a Adão. Há pouco mais de cem anos, W. H. Green, professor de Antigo Testamento de Princeton, mostrou que genealogias pulam gerações ao comparar registros genealógicos que cobrem o mesmo período (1Crônicas 6:3-14 e Esdras 7:1-5, por exemplo).[6]

---

[6] William Henry Green, "Primeval Chronology" [Cronologia primitiva], *BSac* 47 (1890):285-303. Para uma análise moderna, cf. Ronald L. Numbers, "The Most Important Biblical Discovery of Our Time: William Henry Green and the Demise of Ussher's Chronology" [A descoberta bíblica mais importante do nosso tempo: William Henry Green e o descarte da cronologia de Ussher], *Church History* [História da igreja] 69 (2000):257-76.

Também podemos ver o salto de gerações na genealogia de Jesus em Mateus 1, quando comparamos a passagem com a história da monarquia no livro de Reis (Mateus 1 pula Acazias [2Reis 8:25], Joás [2Reis 12:1] e Amazias [2Reis 14:1]). O argumento de Green convenceu seu colega de teologia e arquiteto da doutrina moderna da inerrância, B. B. Warfield — o qual, a partir de então, passou a sentir-se confortável com a idade antiga da Terra apontada pela ciência.[7]

Naquele que talvez seja o estudo mais importante das genealogias do Antigo Testamento à luz de genealogias análogas do AOP, Robert R. Wilson conclui que

> genealogias não são normalmente criadas para fins históricos. Elas não têm a intenção de servir de registro histórico estrito. Antes, na Bíblia, bem como na literatura do Oriente Próximo e no material antropológico, genealogias parecem ter sido criadas para fins domésticos, políticos, legais e religiosos. Informações históricas são preservadas nas genealogias apenas incidentalmente.[8]

Genealogias têm o propósito de dar às pessoas entendimento da sua identidade.

O fato de que genealogias estão, antes de mais nada, fazendo declarações teológicas — ao mesmo tempo que incluem listas de pessoas reais em um passado real — pode ser visto ao compararmos as genealogias de Jesus em Lucas e Mateus, ambas bem diferentes

---

[7] B. B. Warfield, "On the Antiquity and Unity of the Human Race" [Sobre a Antiguidade e unidade da raça humana], *Princeton Theological Review* 9 (1911):1-16.

[8] Robert R. Wilson, *Genealogy and History in the Biblical World* [Genealogia e história no mundo bíblico] (New Haven: Yale University Press, 1977), p. 199. Cf. também Marshall D. Johnson, *The Purpose of Biblical Genealogies* [O propósito das genealogias bíblicas], 2ª ed. (Eugene: Wipf & Stock, 2002). Para um resumo do estado da discussão, cf. John Walton, "Genealogies" [Genealogias] em *Dictionary of the Old Testament: Historical Books* [Dicionário do Antigo Testamento: livros históricos], ed. B. Arnold e H. G. M. Williamson (Downers Grove: InterVarsity Press, 2005), p. 309-16.

uma da outra. Além do mais, o interesse teológico da genealogia de Lucas é visto quando ela conclui que Jesus é "filho de Adão, filho de Deus" (Lucas 3:23-38). Segundo expresso por John Nolland, Lucas conclui sua genealogia de Jesus não com Adão, mas com Deus — e isso não por razões históricas, mas teológicas:

> Lucas quer que vejamos Jesus tomar seu lugar na família humana e, assim, em sua filiação imperfeita (desde a desobediência de Adão). Entretanto, em sua própria pessoa — em virtude de sua origem única (Lucas 1:35) e de sua obediência ativa (4:1-13) — Jesus marca um novo início na filiação e a coloca em um patamar completamente novo. Nessa situação humana, Jesus é o único que é realmente Filho de Deus.[9]

Movendo-se em direção às narrativas patriarcais (Gênesis 11:27—37:2)

O comprometimento de Deus em preservar e manter a ordem da criação se depara com uma ameaça imediata, logo após a aliança que faz com Noé em favor da criação. Após o dilúvio, o ser humano continua a pecar (Gênesis 11:1-9). Pessoas se unem para construir uma cidade e uma torre que ofende a Deus (cf. a proposição 13). Entretanto, com essa história final, temos um desvio do nosso padrão, visto não haver nenhum sinal claro de graça na história em si. O afastamento do padrão encontrado em histórias de Gênesis 4—11 nos prepara para a próxima grande seção do livro: as narrativas patriarcais (11:27—37:2), as quais se iniciam com o chamado de Abrão (mais tarde, Abraão):

> Saia da sua terra, do meio dos seus parentes e da casa de seu pai, e vá para a terra que eu lhe mostrarei.
>
> Farei de você um grande povo,
> e o abençoarei.

---

[9] John Nolland, *Luke* 1—9:20, WBC (Nashville: Thomas Nelson, 1989), p. 173.

> Tornarei famoso o seu nome,
> e você será uma bênção.
> Abençoarei os que o abençoarem
> e amaldiçoarei os que o amaldiçoarem;
> por meio de você
> todos os povos da terra
> serão abençoados (Gênesis 12:1-3).

Assim, Deus inicia uma nova estratégia para dar continuidade aos seus planos e propósitos, a começar desse homem e de sua mulher, Sara; por meio dos seus descendentes, Deus alcançará o mundo a fim de restaurar bênção ao ser humano que criou.

Repare na mudança dramática da narrativa nesse ponto. Enquanto a narrativa dos primórdios diz respeito ao mundo todo, pelo que parece ser um período incrivelmente longo, o foco nessa segunda parte, isto é, nas narrativas patriarcais, concentra-se em indivíduos: primeiro Abraão, depois Jacó e então José. A seção também devota um grande espaço narrativo a um período relativamente curto. Observamos que tal mudança assinala um interesse mais intenso dos acontecimentos associados com os patriarcas, personagens fundadores do povo de Deus.

Para fins deste livro, esse entendimento da estrutura e do conteúdo de Gênesis nos informa sobre a importância de interpretar a história do dilúvio no contexto do livro de Gênesis como um todo — e, particularmente, no contexto imediato de Gênesis 1—11. Assim, à medida que lemos Gênesis 1—11, incluindo a história do dilúvio, cremos que o gênero nos assinala que acontecimentos passados (Criação, Queda, dilúvio, torre de Babel) de fato aconteceram.

Em suma, o livro de Gênesis como um todo demonstra interesse no passado, mas, como é geralmente o caso em narrativas passadas, seu interesse está mais concentrado no presente do narrador. É por isso que adotamos a denominação "história teológica" para descrever o gênero do livro de Gênesis, visto que ele está interessado em falar sobre Deus à medida que interage com seu povo no tempo e no espaço.[10] O que pode ser aprendido sobre o passado é de grande importância para o presente da literatura. A continuidade mais importante e a unidade que caracterizam Gênesis não decorrem de gênero, nem mesmo de seu foco em história, mas no tema comum que interliga o livro. Tendo desenvolvido o padrão teológico que estrutura as narrativas de Gênesis 1—11, voltamos nossa atenção a outro padrão correlato, desenvolvido pelo narrador em Gênesis 1—11.

[10] Tremper Longman III, *Genesis* [Gênesis], SGBC (Grand Rapids: Zondervan, 2016).

Proposição 11

A história teológica se concentra nas questões de presença divina, estabelecimento da ordem e em como a ordem é desestabilizada

Gênesis 1—11 pode ser entendido como que estruturado pelos conceitos de presença divina e a ordem que ela traz. Gênesis 1—2 descreve a identidade do cosmos em termos de um espaço ordenado para a presença de Deus, seguido pelo estabelecimento de sua presença no Éden. Uma vez que as pessoas perdem o acesso à presença de Deus, desejam reconquistá-lo, segundo evidenciado em Gênesis 4:26, no qual invocar o nome do Senhor é invocar a presença divina; em Gênesis 6:1-4, em que a presença divina é representada nos filhos de Deus (proposição 12), e em Gênesis 11:1-9, em que a torre é construída para facilitar a presença divina (proposição 13).

No mundo antigo, a presença divina tem importância não apenas por permitir algum tipo de relacionamento entre os seres humanos e a divindade, mas também por ser aquilo que gera e mantém a ordem no mundo e no cosmos. Deus é o centro e a fonte da ordem; em sua presença e por meio dela, todo o cosmos subsiste.[1] Embora Gênesis 1—11 seja estruturado pelo elemento da presença divina, o tema motriz no decorrer dessa seção é a ordem, cuja origem está na presença divina.

---

[1] É digno de nota que isso também é dito sobre Jesus em Colossenses 1.

No princípio, havia a não ordem (do hebraico, *tohu wabohu* [Gênesis 1:2]). Essa condição não é má, nem defeituosa; trata-se apenas de uma obra em progresso. No mundo antigo, ordem definia a existência, e era caracterizada por propósito (quer em termos humanos, quer na esfera mais ampla dos planos de Deus, segundo podiam percebê-lo). Certos objetos materiais (como o mar e o deserto) no mundo antigo poderiam ser considerados não existentes, caso seu papel e propósito não fossem identificados pelas pessoas ou se não tivessem função na experiência humana.

No rio cultural antigo, o ato primário da criação era a organização do cosmos e da sociedade humana.[2] Isso incluía atividades como nomear e separar, e os israelitas compartilhavam dessa perspectiva. Nos atos criativos de Deus, ele trouxe ordem em meio à não ordem, mas, no processo, não dissipou a não ordem por completo. Seu plano era que pessoas feitas à sua imagem trabalhassem juntamente com ele para continuar o processo de trazer ordem (refletido, por exemplo, na ideia de "subjugar e dominar"). Mesmo assim, tudo era muito bom — isto é, precisamos entender que nem tudo era perfeito, mas tudo era capaz de funcionar da forma como Deus intencionava a essa altura e nesse sistema ordenado.

Consequentemente, o cosmos, ao fim do relato dos sete dias, continua a reter aspectos de não ordem, porém é caracterizado pela otimização da ordem, a qual será mantida e sustentada pela presença de Deus. Ao descansar, Deus não apenas completa sua fase inicial de ordenação (do hebraico, *shabbat* em Gênesis 2:1-3), mas também fixa residência no cosmos, a partir do qual irá governá-lo (Éden, em Gênesis 2; do hebraico, *nwh* em Êxodo 20:8-11 e Salmos 132:14).[3]

---

[2] Esta é uma conclusão lógica: se ordem define existência, e criar algo significa trazer esse algo à existência, então criação implica em ordenação.

[3] Tudo isso é elaborado detalhadamente em John Walton, *The Lost World of Genesis One* [O mundo perdido de Gênesis um] (Downers Grove: InterVarsity Press, 2009).

Em Gênesis 3, esse cosmos otimizado é perturbado por um terceiro fator: desordem, um elemento inerentemente maligno por sua oposição à ordem e à presença de Deus. Desordem resulta do momento em que as pessoas desejam ser como Deus (tentativa que ocorre quando tomam da árvore do conhecimento do bem e do mal). Com isso, os seres humanos desejam se tornar o centro da ordem, em vez de trabalhar em parceria com Deus em sua obra de ordenação. Ao dizer "quero fazer eu mesmo", o ser humano, na prática, se estabelece como um centro alternativo de ordem.

Por causa disso, porém, a humanidade é expulsa da presença de Deus e enviada ao mundo menos ordeiro, onde tentará proceder sozinha. Conforme o esperado, o sucesso é difícil de ser alcançado e, consequentemente, toda criação geme por estar entre a ordem e a não ordem, bem como sujeita aos efeitos da desordem humana. É comum às pessoas pensarem que vivemos em um mundo dicotômico entre o bem e o mal. A interpretação anterior sugere uma nuance maior, isto é, que vivemos em um mundo tricotômico: não ordem (problema ainda não resolvido), ordem e desordem (maldade, consequências do pecado).

Esses conceitos formam nosso entendimento a respeito da coerência de Gênesis 1—11. Quando tentamos entender a coerência de um livro bíblico (ou uma seção dele), fazemos isso tentando identificar a estratégia retórica que impulsiona a compilação. Cada episódio foi cuidadosamente selecionado, dentre muitas possibilidades; a narração dos episódios foi apresentada tendo em vista o cumprimento de certos objetivos. A interpretação mais aceitável da estratégia retórica é determinada por quão bem ela explica todas as peças (incluídas e omitidas) e pelo modo como cada episódio é apresentado.

Somos, agora, obrigados a demonstrar como isso explica as escolhas e a forma do texto diante de nós. Trata-se de algo particularmente importante para esta obra, visto que o dilúvio está no centro de Gênesis 1—11 e pode ser entendido no contexto da tricotomia que propomos. O que segue é uma visão panorâmica de como Gênesis 1—11 traça a tricotomia. Peças particulares do resumo a seguir serão expostas em proposições posteriores e explicitadas de forma mais detalhada (especificamente, o episódio dos filhos de Deus [proposição 12] e o da torre de Babel [proposição 13]).

Depois de trazer ordem ao cosmos para que fosse um espaço sagrado (Gênesis 1; "espaço sagrado" resulta da presença de Deus) e então fixar residência no Éden (portanto, um espaço sagrado), o acesso a esse espaço é perdido quando Adão e Eva decidem ser o centro da ordem. Daí em diante, pessoas seguem consistentemente a inclinação de se tornar o centro da ordem, tendência que, por sua vez, leva a mais desordem. Deus responde com medidas corretivas cujo propósito é restaurar a ordem. Embora o pecado e sua desordem resultante tenham sido introduzidos, esse impacto negativo é ofuscado por uma realidade mais abrangente: a humanidade perdeu o acesso à presença de Deus.

Em Gênesis 4, é evidente que Caim e Abel buscam permanecer em contato com Deus por meio de sua oferta sacrificial (pela denominação dada às ofertas, *minhah* [dádiva], fica claro que sua ideia não é lidar com o pecado, mas reter o favor de Deus). Nesse contexto, sacrifício é uma atividade que estabelece o relacionamento, mas um substituto pobre para a presença divina. Torna-se patente, entretanto, que Caim não tem a ordem divina em mente quando rejeita a oferta de Deus para obter seu favor e, antes, escolhe buscar a ordem de maneira independente, matando seu irmão. Assim, Caim busca a desordem ao procurar seu próprio benefício.

O resultado é que Deus o bane (essência da palavra hebraica *ʾarur*, traduzida por "amaldiçoado" em Gênesis 4:11). Excluído da sociedade e da provisão do solo, Caim é colocado em uma posição ainda maior de não ordem. Caim percebe isso pelas três coisas que perdeu: provisão da terra, acesso à presença de Deus (ainda mais reduzido) e proteção da sociedade (Gênesis 4:14). Todavia, ele retém a ordem que foi estabelecida na bênção de Gênesis 1:28: Caim é capaz de ser frutífero e de multiplicar-se (Gênesis 4:17).

A sequência genealógica de sua descendência intenciona mostrar como a ordem humana foi estabelecida pelos descendentes de Caim. Ela inclui a construção de cidades (Gênesis 4:17, um centro humano de ordem), domesticação animal, instrumentos musicais e metalurgia. Em outras sociedades do mundo antigo, tais conquistas seriam vistas como desenvolvimento dos deuses ou dádiva dos deuses. Em Gênesis, elas são representadas pela conquista humana através da linhagem de Caim.

Em contraste com essas conquistas na ordenação humana, temos também um vislumbre de desordem persistente, personificada no orgulho de Lameque (Gênesis 4:23-24). Vemos aqui uma perspectiva distorcida da vingança, em relação àquela que Deus havia oferecido a Caim. Com Lameque, ela é refletida como direito à própria vingança, à medida que o descendente de Caim estabelece ordem em torno de si mesmo. Assim, ainda que a ordem avance, desordem também cria raiz e é racionalizada pela autojustificação.

Quando Gênesis 4:25-26 retorna à linhagem de Sete, descobrimos que, desde o início, aqueles que haviam perdido acesso à presença de Deus no jardim buscam sua restauração. A frase: "Nessa época começou-se a invocar o nome do Senhor" é mais do que uma simples referência à oração. Ela é tipicamente usada para retratar aqueles que invocam a presença de Deus.[4] Em Gênesis 5, a genealogia de Sete contrasta com a de Caim em termos de chamar atenção aos exemplos positivos relacionados à presença de Deus e sua ordem. Isso explica a referência inicial à bênção e à imagem de Deus (Gênesis 5:1-3); a atenção dada a Enoque, que desfrutava da presença de Deus de maneira extraordinária (Gênesis 5:22-24); e a nomeação de Noé (Gênesis 5:28-29).

---

[4] Gênesis 12:8; 13:4; 21:33; 26:25; 1Reis 18:24; Salmos 116:4.

Cada vez que Gênesis 4—5 sai da fórmula das genealogias, o objetivo do autor é fazer um comentário relacionado à ordem ou à presença. Genealogias servem de estrutura para esses parênteses narrativos ao documentarem a bênção contínua de Deus (fertilidade e multiplicação) e as consequências do pecado ("viveu ao todo [tantos anos] e morreu"). Em última análise, procriação e morte servem para enfatizar o contraste extremo entre os resultados de ordem e não ordem/desordem.

A nomeação de Noé (Gênesis 5:29) é de particular importância com respeito a esse tema e sobeja em intertextualidade. O texto indica que Lameque dá ao seu filho o nome de *noah* (palavra extraída de *nwh*, termo hebraico para descanso) como expressão da esperança de que ele traria *alívio* [raiz hebraica *nhm*, na derivação *Piel*] do nosso trabalho e da labuta [no hebraico, *'itsebon*, usado apenas em Gênesis 3:16-17] de nossas mãos, causados pela terra [a adição de terras e mão indica que o texto está se referindo a 3:17] que Yahweh "amaldiçoou" [no hebraico, raiz *'rr*, usada em Gênesis 3:14, 17; 4:11]. A raiz *'rr* refere-se à privação de direitos, não a uma maldição lançada sobre alguma coisa; ser privado dos direitos é uma condição inerentemente perturbadora. Em Gênesis 3:17, quando Deus faz isso com o solo, sua ação indica que o ser humano encontrará um solo menos utilizável para o cultivo de alimento. A ideia é que, em sua expulsão do Éden, a humanidade foi relegada a um domínio menos ordenado.[5]

A raiz *nhm* na derivação *Piel* é quase sempre usada em casos de lamentação, quando alguém tem motivos para ficar triste, mas outro se aproxima para consolar ou oferecer simpatia. É uma ação que busca restaurar certa ordem ou estabilidade em um contexto em que a não ordem (tal como morte ou destruição) trouxe ruptura (repare Salmos 23:4: "teu bordão e o teu cajado me *consolam*" [ARA]).

---

[5] De modo semelhante, a serpente é banida de seu grupo natural ("animais selvagens"), da mesma maneira como Caim é banido de seu contexto social, da produção do solo e da presença de Deus — todos elementos que traziam ordem.

Ela é realizada quando a honra é restaurada (Salmos 71:21) e através do amor de Deus (*hesed*, Salmos 119:76). Falta esse consolo ao oprimido (Eclesiastes 4:1). Um detalhe importante é que, quando a ira de Deus se desvia, o resultado é esse consolo (Isaías 21:1) e resulta em restauração (Isaías 40:1). Tudo isso se relaciona a Noé de modo significativo.

Alguém que traz consolo (*nhm*) restaura a ordem (*nwh*, raiz do nome de Noé). Vale notar que, em acádio, a raiz cognata do *nwh* hebraico é *nahu*, termo cuja referência não é apenas a descanso, mas também a abrandamento.[6] O fato de que uma palavra acádia unifica dois verbos hebraicos diferentes, ambos associados com o nome de Noé, sugere que o relato é enraizado na língua acádia. Não estamos dizendo que o autor bíblico tomou empréstimo de um relato mesopotâmico, mas que aspectos do relato tomaram forma no contexto da língua acádia.

Com esse entendimento do vocabulário e a informação a respeito das outras passagens no contexto imediato em que o mesmo vocábulo é usado, estamos em posição de intuir o sentido de Gênesis 5:29. A escolha do nome de Noé poderia indicar que será ele aquele através de quem a ordem é preservada e restaurada após a insurgência da não ordem, representada pelo dilúvio. Entretanto, seja como for, o texto indica que Noé nos confortaria (a humanidade, presume-se) "*do* nosso trabalho e *do* labor das nossas mãos *do* solo" (tradução dos autores).

A combinação do verbo *nhm* com a preposição *min* (de) ocorre três vezes nesse versículo e mais em nenhuma outra passagem da Bíblia hebraica. A combinação não sugere consolação ou conforto *concernentes* a essas coisas; essa ideia exige uma preposição diferente. O versículo só pode significar que a não ordem conectada

[6] *CAD* N 143; notado também por Lloyd R. Bailey, *Noah: The Person and the Story in History and Tradition* [Noé: o homem e sua narrativa na história e na tradição] (Columbia: University of South Carolina Press, 1989), p. 168. A palavra ocorre na *Epopeia de Gilgamesh* 11.131 para descrever o abrandamento do mar.

a trabalho, labor e solo será resolvida e uma ordem ainda maior, restaurada.

É difícil deduzir *como* a ordem está sendo restaurada; o importante é saber que isso *está* acontecendo. O vocábulo nos mostra como o dilúvio está sendo interpretado: é um evento que traz ordem.[7] A conexão do nome de Noé com o dilúvio sugere que, além de ser apresentado como um ato de juízo, graça e libertação, o narrador está recontando o acontecimento como um tipo de "botão *reset*" da ordem. Deus usa a não ordem (águas) para eliminar a desordem (violência abrangente) e restabelecer ordem otimizada (mesmo reconhecendo que a desordem permanece [Gênesis 8:21]).[8]

Fazer conexões assim não apenas serve para elucidar a coerência interna de Gênesis 1—11 (literária e teologicamente), mas também leva a um entendimento de como a seção funciona no contexto maior do livro. Concordamos com a ideia, articulada de diversas maneiras no decorrer da história da interpretação, de que Gênesis 1—11 serve de introdução essencial à aliança. Ela explica a necessidade de uma aliança e ajuda-nos a colocá-la em perspectiva, de modo que podemos estabelecer seu contexto e propósito.

---

[7] É importante o fato de que o nome dos heróis do dilúvio em narrativas diluvianas do AOP (Ziusudra/ Utnapistim = "Ele encontrou vida"; Atrahasis [mais um título do que um nome] = "sobremodo sábio", usado, na verdade, na *Epopeia de Gilgamesh* 11.197) também faz referência à importância do herói à luz do dilúvio. Para uma análise dos nomes, cf. Andrew George, *The Babylonian Gilgamesh Epic* [A epopeia babilônica de Gilgamesh] (Oxford: Oxford University Press, 2003), 1:152-53. Para uma análise da correlação entre nome e dilúvio, cf. Jeffrey H. Tigay, *Evolution of the Gilgamesh Epic* [Evolução da Epopeia de Gilgamesh] (Philadelphia: University of Pennsylvania Press, 1982), p. 229.

[8] Cf. Anne Draffkorn Kilmer, "Of Babies, Boats, and Arks" [Sobre bebês, barcos e arcas] em *Studies Presented to Robert Biggs* [Estudos apresentados a Robert Biggs], ed. M. Roth et al. (Chicago: Oriental Institute, 2007). Kilmer coleta informações demonstrando que o barco é usado repetidamente como símbolo uterino, reconhecendo, assim, que a arca em Gênesis é uma embarcação que continha semente da vida, preparada para um novo nascimento.

Tal papel tem certa similaridade com um fenômeno literário observado repetidamente na literatura do AOP, na qual é comum que narrativas a respeito do tempo primevo estabeleçam o cenário e contexto para a história narrada.[9] Se Gênesis 12—50 constitui a história narrativa primária — o que cremos ser verdade — o propósito de Gênesis 1—11 é fornecer um prólogo, usando ilustrações de história primeva. Além do mais, o relato do dilúvio na literatura do AOP é usado não apenas como parte desses prólogos primevos, mas também em contextos de destruição-restauração que conduzem a uma nova ordem. Em Gênesis, a nova ordem é representada em primeiro lugar na recriação que segue o dilúvio, mas, mais importantemente, na história da aliança que estrutura as narrativas dos patriarcas. Discutiremos esse relacionamento posteriormente, na proposição 12.

Reparamos, nos capítulos que precedem a narrativa do dilúvio, que a desintegração da ordem é documentada, o que contrasta com o que observamos nas narrativas que precedem o dilúvio no *Épico de Atrahasis*. Nesse épico, desintegração da ordem não é manifesta no comportamento humano; antes, os deuses estão envolvidos em repetidas tentativas de reduzir a população por causa de seu descontentamento com o ser humano. Isso, juntamente com outras comparações de relatos do AOP, foi discutido na proposição 8.

Sugerimos que o propósito de Gênesis 1—11 é traçar o estabelecimento da ordem, a dissolução da ordem e a reconstituição da ordem como uma introdução à aliança. Tudo isso está relacionado com a presença de Deus. Conforme delineado em seção por seção, elementos de ordem e presença podem ser vistos na forma como o editor de Gênesis 1—11 seleciona e apresenta seu material. Essa interpretação é demonstrada por conexões intertextuais entre Gênesis 1—3 e 6—9 (cf. a proposição 10). Nesta proposição, desenvolvemos o padrão teológico-literário que se desdobra

[9] Por exemplo: cf. Yi Samuel Chen, *The Primeval Flood Catastrophe* [A catástrofe primeva do dilúvio] (Oxford: Oxford University Press, 2013), p. 204.

quando a ideia de criação/recriação é vista à luz do paradigma não ordem-ordem-desordem.

Gênesis 1 começou com não ordem descrita em termos de água e trevas. O trabalho criativo de Deus trouxe ordem, estabelecendo papéis e funções de acordo com seu propósito. Gênesis 6—8 narra a recorrência da condição não ordenada por meio de águas do dilúvio e, em seguida, o restabelecimento da ordem. Além do mais, o texto remete à ideia de que haveria uma permanência maior à ordem do cosmos (Gênesis 8:21-22). A aliança em Gênesis 9:8-17 reitera a bênção em termos semelhantes ao modo como, em Gênesis 8, a ordem é restaurada ao cosmos. Assim como Gênesis 8:21-22 indica que Deus não interferiria novamente no cosmos ordenado daquela maneira, Gênesis 9:15 demonstra que tampouco o faria com a bênção. A Tabela 1 resume conexões intertextuais.

Tabela 1. Conexões intertextuais entre Gênesis 1—3 e Gênesis 6—9.

ITENS	GÊNESIS 1—3	GÊNESIS 6—9
Cosmos não ordenado	1:2	7:17-24
Ordem estabelecida no cosmos	1:3–2:4	8:1-22 (sem mais interferências futuras)
Pronunciamento da bênção	1:26-30	9:1-8
Bênção não funcional	2:5-6	7:17-24
Bênção renovada	2:7-24	9:9-17 (sem mais interferências futuras)
Planta associada à queda	2:9	9:20
Nu sem perceber	2:25	9:21
Ofensa relacionada aos limites da bênção	3:1-6	9:22-23
Olhos abertos e percepção	3:7	9:24
Pronunciamento	3:14-19	9:25-27

A narrativa do dilúvio tem o papel específico de mostrar como Deus restabeleceu a ordem depois de trazer as águas do cosmos não ordenado para desfazer a desordem que viera a dominar o mundo antediluviano. Nesse sentido, o relato do dilúvio recapitula a Criação — razão pela qual o narrador inclui a história. O narrador mostra como Deus trabalhou para trazer ordem no passado (Criação e dilúvio), o que serve como introdução à estratégia de Yahweh de dar continuidade à ordem, mas, mais uma vez, por meio de uma aliança. Aliança é uma estratégia de Deus cujo propósito é trazer ordem pelo uso dos mecanismos de eleição, relacionamento e revelação, como o fundamento para restabelecer sua presença na terra (inicialmente através do tabernáculo).

Conforme apontado na proposição 9, se quisermos descobrir a essência da autoridade do autor, devemos nos concentrar no que ele (revestido da autoridade de Deus) faz com o acontecimento. Temos, agora, esse propósito diante de nós, e podemos entender a mensagem autoritativa do texto sem ter que saber como reconstruir o acontecimento em si. Antes, porém, de passarmos ao diálogo moderno acerca do dilúvio (p. ex., geologia e tradições diluvianas ao redor do mundo), precisamos discutir mais duas narrativas de Gênesis 1—11 a fim de entendermos seu papel na estratégia retórica.

Proposição 12

O episódio dos "filhos de Deus" não é apenas um prelúdio para o dilúvio, mas é a sequência narrativa de Caim e Abel

Nós, autores deste livro, escrevemos comentários de Gênesis e delineamos as diversas perspectivas sobre o episódio dos "filhos de Deus", promovidos no decorrer da história da interpretação.[1] A partir do século II, teólogos e intérpretes cristãos adotaram em geral a visão de que os filhos de Deus eram membros da linhagem de Sete, os quais, indiscriminadamente, casaram-se com mulheres da linhagem de Caim. Intérpretes rabínicos estavam mais inclinados a ver o grupo ofensor como reis envolvidos em poligamia. Ambas as visões se mostram improváveis à luz de uma análise mais robusta.[2]

A atenção ao AOP resultou na ideia de que os reis no mundo antigo viam a si mesmos como que concebidos divinamente (portanto,

[1] Tremper Longman III, *Genesis* [Gênesis] SGBC (Grand Rapids: Zondervan, 2016); John H. Walton, *Genesis* [Gênesis], NIVAC (Grand Rapids: Zondervan, 2011); e John H. Walton, "Genesis" [Gênesis], em *Zondervan Illustrated Bible Backgrounds Commentary: Old Testament* [Comentário bíblico ilustrado e contextualizado Zondervan: Antigo Testamento] (Grand Rapids: Zondervan, 2009). Cf. também John H. Walton, "Sons of God, Daughters of Man" [Filhos de Deus, filhas dos homens] em *Dictionary of the Old Testament: Pentateuch* [Dicionário do Antigo Testamento: Pentateuco], ed. T. D. Alexander e D. W. Baker (Downers Grove: InterVarsity Press, 2003), p. 793-98.

[2] Walton, *Genesis* [Gênesis], p. 291-95.

filhos de Deus) e eram conhecidos pela prática do "direito à primeira noite" (como na *Epopeia de Gilgamesh*), tomando por esposa a quem desejassem. Em contrapartida, foco no uso da terminologia bíblica sugere que "filhos de Deus" (por mais raro que seja a ocorrência) se refere consistentemente aos membros do conselho divino (p. ex., Jó 1—2), e esta é a interpretação adotada nas fontes mais antigas (obras escritas no período do Segundo Templo, como o livro de Enoque), bem como refletida no Novo Testamento (2Pedro e Judas).[3] Como comentadores, cada qual tem sua visão, porém ambos reconhecemos que há muita incerteza quanto à identificação dos "filhos de Deus" e das "filhas dos homens". No entanto, a identificação das partes, e mesmo a interpretação da ofensa, é menos importante para este livro do que o uso que o narrador faz da história.

Para entendermos o papel que o relato exerce na estratégia retórica de Gênesis 1—11, é importante reconhecermos um padrão usado pelo compilador de Gênesis. O padrão é refletido na técnica da recursão, a qual podemos entender melhor pela citação de dois exemplos.

Em Gênesis 25, depois de recontar a morte de Abraão, o narrador está pronto para se mover para o próximo estágio da história. Antes de fazê-lo, ele fornece a genealogia de Ismael (Gênesis 25:12-18). A genealogia avança no tempo a um período muito posterior ao dos ancestrais, mas então o narrador volta outra vez para a história de Isaque, representada em Jacó e Esaú. Este é um exemplo de recursão narrativa — adiantar-se no tempo para abordar algum detalhe que ficou para trás e, em seguida, retornar à narrativa principal. O mesmo acontece outra vez quando o narrador apresenta as genealogias de Esaú (Gênesis 36) antes de retornar à história dos filhos de Jacó.

A técnica da recursão também é evidente em Gênesis 1—11. Após a história do dilúvio, os filhos de Noé são identificados através

---

[3] Ao mesmo tempo, devemos reconhecer que o Novo Testamento segue o caminho traçado pela literatura do Segundo Templo.

de suas respectivas linhagens, nas quais as línguas mundiais se desenvolvem. Em seguida, o narrador retorna para um tempo em que o mundo ainda tinha apenas uma língua — deduzimos que o relato da torre de Babel ocorreu pouco depois do dilúvio. Após a história da torre de Babel, o narrador então usa a genealogia de Sem como "ponte" para a narrativa seguinte: a história da aliança de Deus com Abrão.

Em cada exemplo citado, repare que a recursão narrativa segue um registro genealógico, o qual avança no tempo. Com base na observação de como a recursão é comumente usada em Gênesis, devemos aplicá-la mais uma vez ao relato dos filhos de Deus, em Gênesis 6:1-4. Como nos casos anteriores, temos uma narrativa acompanhando uma genealogia. Em Gênesis 4:17-24, a genealogia de Caim é seguida por uma recursão, retornando a Adão e Eva e seu novo filho, Sete (Gênesis 4:25-26). Gênesis 5 contém a genealogia de Sete, que leva a Noé. Se seguirmos o padrão recursivo, a narrativa de Gênesis 6:1-4 retorna então ao tempo depois de Adão e Sete.[4]

Evidências de que o texto deve ser lido desta maneira são encontradas a partir da própria linguagem dessa curta perícope:

- O relato acontece quando *ha'adam* ("homem" com artigo definido, como em Gênesis 5:2) *começa* a se multiplicar.
- Filhos de Deus "viram que as filhas dos homens eram boas"[5] — usando a mesma linguagem de Gênesis 1 e 3 (Deus viu que "x" era bom; a mulher viu que o fruto era bom).

Um possível problema com essa interpretação é que, como resultado, a restrição de 120 anos, geralmente interpretada como limite de tempo da vida humana, parece ocorrer *antes* da lista de membros

[4] Esta interpretação é resultado de questionamentos levantados pelo aluno de John, Scott Cunningham, durante uma aula sobre o livro de Gênesis e da discussão subsequente feita pela classe.

[5] Não é a mesma palavra hebraica normalmente usada para "bonitas".

longevos da linhagem de Sete. Devemos reconhecer, entretanto, que um problema semelhante existe se lermos o trecho bíblico como referência a algo que ocorreu pouco antes do dilúvio, já que não apenas Noé e membros da genealogia de Sete viveram mais do que 120, como também Abraão, Isaque e Jacó. Ao mesmo tempo, interpretar os 120 anos como referência à expectativa de vida humana não é a única opção.

Uma interpretação alternativa, desenvolvida através da reconsideração do texto bíblico e da informação de padrões de uso do AOP, considera os 120 anos como período para a sobrevivência da humanidade até o dilúvio. Gênesis 6:3 assinala que o espírito de Deus (*ruah*) será de alguma forma removido antes dos 120 anos.[6] O versículo declara que o espírito será tirado da humanidade (*ha'adam*) e, em Zacarias 12:1, descobrimos que Yahweh forma o espírito da humanidade (corporativa). Quando o espírito dado por Deus é removido, o resultado é a morte. Por conseguinte, o versículo pode ser entendido como referência a um espaço de 120 anos antes que a humanidade (corporativa) perca o espírito dado por Deus e morra.

Referência semelhante a intervalos de tempo também ocorrem antes do dilúvio no *Épico de Atrahasis*. Na narrativa, depois da criação da humanidade (corporativa), "mil e duzentos anos não haviam ainda se passado, quando a terra se expandiu e os povos se multiplicaram" — isto é, quando problemas já haviam se desenvolvido entre a humanidade e os deuses (cf. a proposição 8 para mais detalhes sobre o problema). Deuses enviam doenças para reduzir a população. Em resposta, a humanidade retém o alimento destinado aos deuses em geral e concede dádivas ao deus da doença, que retrocede em sua decisão. Mais uma vez, mil e duzentos anos ainda não haviam se passado e o problema persistia; os deuses, então, enviam uma seca, resultando em fome. Novamente, a humanidade responde com a

[6] O verbo que expressa o que o espírito de Deus não fará (*yadon*) permanece resistente à análise.

construção de um templo para o deus da tempestade que, ao receber presentes, volta atrás.

Nesse ponto, a semelhança importante entre *Atrahasis* e o texto de Gênesis é que os deuses utilizam estratégias para resolver a desordem humana por um tempo estabelecido, o qual culmina em um dilúvio. O dilúvio não é apenas um juízo contra o ser humano, mas uma estratégia designada a trazer ordem para o cosmos — que, na Mesopotâmia, significa ordem aos deuses. Os 120 anos da narrativa bíblica também poderiam ser considerados representativos de um período, antes que o recurso do dilúvio fosse enviado para restaurar a ordem cósmica.[7]

O problema persiste, no entanto, se a narrativa é colocada no período de Sete, já que 120 anos dificilmente seria considerado o tempo decorrido até o dilúvio se levarmos em conta a longevidade das pessoas em sua linhagem. Propomos, então, que a descrição do que ocorreu entre os filhos de Deus e as filhas dos homens (independentemente de sua identidade) se estende por todo o período da genealogia de Sete. Em outras palavras, é essa a maneira pela qual o texto bíblico caracteriza todo o período antediluviano,[8] ao fim do qual, em algum ponto, o ultimato de 120 anos é dado. A era dos "filhos de Deus" começa no tempo de Sete, continua pelo período antediluviano, quando nefilins e os grandes heróis dominaram — independente de quem são e de seu relacionamento biológico em relação aos filhos de Deus — e chega a uma conclusão no período de Noé. Uma avaliação de todo o período é feita no solilóquio de Yahweh, em Gênesis 6:5-8, e a história de Noé continua com a introdução do *toledot*, em Gênesis 6:9.

---

[7] Cento e vinte é uma representação decimal que corresponde a 1200 em notação sexagesimal, usada na Mesopotâmia. Mil e duzentos é representado no texto acádio de *Atrahasis* como 600.600.

[8] A situação se assemelha ao que encontramos no livro de Juízes, no qual todo o período dos juízes é caracterizado por: "Naquela época não havia rei em Israel; cada um fazia o que lhe parecia certo".

Nesse ponto de vista, o casamento entre os filhos de Deus e as filhas dos homens (intercurso proibido) não é identificado como a causa do dilúvio. Trata-se simplesmente de parte do cenário antediluviano (era primordial), juntamente com nefilins e heróis da Antiguidade, que contribui com a escalada de violência e corrupção daquele mundo (evidenciados, por exemplo, por Lameque, em Gênesis 4:23-24). O dilúvio não é concebido em Gênesis como um juízo sobre os filhos de Deus, mas como o restabelecimento da ordem após o aumento significativo da desordem. Sem o espírito vivificador de Deus (sustentador da vida), a humanidade morre pelo dilúvio, que varre toda a face da terra com vistas a um recomeço.

Outras conexões interessantes para o entendimento dessa passagem e da era que a caracteriza são sugeridas quando comparamos elementos da literatura do AOP e do período do Segundo Templo sobre o assunto. Há, no folclore mesopotâmico, criaturas do período antediluviano chamadas de *apkallu*,[9] seres geralmente considerados semidivinos e de grande sabedoria, mais bem conhecidos por trazerem, da parte dos deuses, as artes da civilização para a humanidade. Nessa função, correspondem com os descendentes descritos na genealogia de Caim. O mais famoso dos *apkallu* é Adapa, o qual ofendeu os deuses e, como consequência, perdeu o direito à imortalidade. Adapa é identificado como "filho de [o deus] Ea".[10]

---

[9] Anne Draffkorn Kilmer, "The Mesopotamian Counterparts of the Biblical Nephilim" [Homólogos mesopotâmicos dos nefilins bíblicos] em *Perspectives on Language and Text* [Perspectivas sobre linguagem e texto], ed. Edgar W. Conrad e Edward G. Newing (Winona Lake: Eisenbrauns, 1987), p. 39-44.

[10] Também é importante saber que Adapa é geralmente identificado pelos estudiosos como Utuabzu ou Enmeduranki, o sétimo dentre os *apkallu*, o qual "ascendeu ao céu" (comparado talvez a Enoque). Cf. A. Annus, "On the Origin of the Watchers: A Comparative Study of the Antediluvian Wisdom in Mesopotamian and Jewish Traditions" [Sobre a origem das sentinelas: um estudo comparativo da sabedoria antediluviana nas tradições mesopotâmica e judaica], *Journal for the Study of the Pseudepigrapha* 19 (2010):280.

Embora os *apkallu* nunca sejam designados corporativamente como "filhos de Deus", no livro de Enoque (século II a.C.) as "sentinelas" são os filhos de Deus e os pais dos nefilins, aqueles que trazem as artes da civilização para a humanidade. Assim, o livro de Enoque posiciona as sentinelas no mesmo patamar que os *apkallu* mesopotâmicos e os filhos de Deus, em Gênesis 6.[11] O Salmo 82 pode adicionar mais uma peça a esse quebra-cabeça. No texto, Deus se dirige à "assembleia divina" (o conselho divino que, em outros textos, aparece como "filhos de Deus") e os repreende por falharem em manter justiça. No versículo 6, os "deuses" são referidos como "filhos do Altíssimo", os quais, a despeito de seu status, perecerão como mortais (evocando Gênesis 6:3). É possível que a passagem em questão seja entendida com relação à era primordial e antediluviana de Gênesis 6:1-4.

Apesar de tênue, a conexão entre essas quatro fontes — Gênesis 6, Salmo 82, os *apkallu* mesopotâmicos e as sentinelas do livro de Enoque — convida o intérprete a usá-las como recursos de esclarecimento mútuo. Tal interpretação serviria para correlacionar os filhos de Deus, os *apkallu* e as sentinelas como o mesmo grupo. Membros desse grupo se casam com mulheres humanas (característica dos três grupos)[12] e, a despeito de sua intenção de estender a ordem, iniciam, em vez disso, uma era de corrupção e injustiça, perpetrados por eles e por seus descendentes. Os *Apkallu* podem ser vistos em conexão com os deuses por serem considerados aqueles que direcionam os planos do céu e da terra — uma tarefa divina. Eles são, portanto, agentes da ordem cuja influência trouxe, com o tempo, desordem. Lameque (na genealogia de Caim) pertenceria a esse grupo.

Em suma, o episódio de Gênesis 6:1-4 pode agora ser visto à luz da estratégia retórica geral de Gênesis 1—11. Ele documenta

[11] Ibid., 277-320.

[12] *Ummianu*, seres pós-diluvianos, são dois terços *apkallu*, sugerindo o casamento misto com mulheres humanas; cf. ibid., 282.

a pseudopresença divina, representada pelos "filhos de Deus". Contudo, essa forma de presença é rejeitada por Deus, visto não resultar em ordem, porém em mais desordem. Quando avaliarmos com cuidado o relato da torre de Babel (proposição seguinte), veremos que ela também envolve uma iniciativa falha de restauração da presença divina. Esse papel teológico-literário da narrativa pode ser afirmado a despeito de nossa inabilidade em identificar os personagens principais ou o significado de palavras-chave.

Proposição 13

A torre de Babel (Gênesis 11:1-9) serve de conclusão apropriada para a narrativa primeva

Começamos esta seção com a observação de que o relato da torre de Babel tem raízes autênticas no período que decorre do fim do quarto milênio ao início do terceiro milênio a.C. Em termos de tecnologias referidas na narrativa, a queima de tijolos era exclusiva da Mesopotâmia; sua localização em planícies aluviais exigiria a importação de pedras ao longo de grandes distâncias e sob custo elevado. Uma alternativa mais prática era o betume, usado normalmente com tijolo queimado. Essa tecnologia é primeiramente atestada no final do período de Uruque e se torna mais comum no período Jemdat Nasr, datando, assim, do fim do quarto milênio. Tijolo queimado e betume foram usados em edifícios públicos e no início da urbanização. Cidades desse período incluíam apenas edifícios públicos, principalmente o complexo do templo.

Torre em forma de zigurate

A torre era um zigurate — não restam dúvidas a esse respeito.[1] Em textos do AOP, é comum a descrição dos zigurates como algo

[1] Andrew George, *House Most High: The Temples of Ancient Mesopotamia* [Casa altíssima: templos da antiga Mesopotâmia] (Winona Lake: Eisenbrauns, 1993); Thorkild Jacobsen, "Notes on Ekur" [Observações sobre Ekur] *EI* 21 (1990): 40-47;

construído "com sua cabeça nos céus". Além disso, o contexto cronológico e geográfico sugere a localização da torre em meio aos famosos zigurates do sul da Mesopotâmia, onde eram a característica predominante da região.

A arquitetura do zigurate apresentava uma estrutura de tijolos preenchida com entulho — isto é, diferente da pirâmide, o zigurate não tem espaços interiores. Essas estruturas eram o centro visível do complexo do templo, mas exerciam uma função periférica como espaço sagrado, onde o verdadeiro centro era o templo adjacente.

O zigurate e o templo serviam de portal cósmico, interligando as esferas celestial e terrena. Nomes atribuídos aos zigurates confirmaram essa ideologia. Em seu papel cósmico, essas estruturas eram erigidas para a conveniência dos deuses, visto que a torre era um convite para que descessem ao templo e fossem adorados. A ideia nos lembra um elevador executivo moderno.

Um detalhe importante é que, ao contrário do que atesta boa parte da história da interpretação, tal estrutura não provia uma maneira pela qual o ser humano subiria, como o próprio texto de Gênesis 11:5 atesta, mas pela qual os deuses desceriam. Zigurates eram parte do espaço sagrado e, por isso, inacessíveis ao público. Eles não eram templos *per se*, visto que nenhum ritual era realizado no zigurate, mas eram considerados parte do espaço sagrado; por isso, o nome dos zigurates era prefaciado com as mesmas designações sumérias que os templos. O zigurate era uma escada *do* céu.

Texto bíblico

As questões mais importantes para a interpretação estão concentradas nas frases "nosso nome será famoso" e "para que não sejamos espalhados". Vamos lidar com esse último ponto antes de darmos mais atenção ao primeiro.

---

e Julian Reade e Irving Finkel, "The Ziggurat and Temples of Nimrud" [Zigurate e os templos de Nimrud] *Iraq* 64 (2002): 135-216.

Não é difícil concordar que o desejo de não se espalhar é algo natural. Em Gênesis 13, Abrão e Ló não queriam se separar, porém as circunstâncias o exigiram. Famílias espalhadas trazem descontinuidade, desfazem relacionamentos e interrompem a transmissão de tradições. A necessidade de dispersão foi até certo ponto resolvida por meio da urbanização, e era esse o propósito da construção de cidades. A necessidade de separação devido à escassez de alimento inibia a ordem; construir uma cidade representava uma tentativa de trazer uma ordem maior à vida das pessoas.

Por conseguinte, contrária à forte tradição de identificar a ofensa dos construtores como desobediência ao mandato da criação ("enchei a terra" [ARA]), devemos notar que, para que haja desobediência, deve existir mandamento. Nenhuma conexão deve ser feita entre a construção da torre e o mandato de Gênesis 1, visto que a ordem de "encher" a terra é cumprida pela reprodução, não por dispersão geográfica. Além do mais, o chamado "mandato criacional" não é um mandamento, mas uma bênção e, por essa razão, não pode ser desobedecido.[2]

Com respeito a tornar o nome famoso, é importante reconhecer que se tratava de um desejo natural de conquista para as pessoas, não de uma demonstração intrínseca de orgulho. "Fama" era conquistada por qualquer coisa que resultasse em recordação. É *possível* que a construção tenha sido motivada pelo orgulho, mas a ideia de que alguém pudesse se beneficiar na vida após a morte por ter seu nome lembrado talvez fosse mais importante. Assim como conquistas ou grandes projetos de construção, ter filhos também seria um meio de alcançar esse objetivo.[3] Nessa passagem, o projeto de

---

[2] É verdade que "encham" é imperativo, mas *ordem* é apenas uma das funções possíveis das formas imperativas. Em Gênesis 1, somos particularmente informados de que a ilocução é uma bênção. Bênção não é mandamento.

[3] Para confirmação dessas ideias, cf. Karen Radner e Eleanor Robson, *Oxford Handbook of Cuneiform Culture* [Introdução de Oxford à cultura cuneiforme] (Oxford: Oxford University Press, 2011), p. 113-14.

construção certamente se enquadraria no que diz respeito à fama dos construtores, mas é mais difícil identificar o desejo por reconhecimento como sendo uma ofensa a Deus.

A fim de entendermos a natureza ofensiva do projeto, precisamos mergulhar no ambiente cognitivo do mundo antigo. Já apresentamos o conceito da Grande Simbiose para descrever o sistema no qual deuses criaram a humanidade para a satisfação das suas necessidades divinas — que era exatamente o propósito dos rituais do mundo antigo (proposição 8). A humanidade, por sua vez, era suprida pelos deuses (provisão e proteção). Essa simbiose resulta em dependência mútua e é contrária ao ideal bíblico, segundo o qual Yahweh não necessita de nada. A mentalidade por traz da Grande Simbiose, cuja presença permeava o sistema religioso do mundo antigo, baseava-se em necessidade mútua.

Podemos reconhecer a relação entre a Grande Simbiose e o zigurate pela compreensão do *gigunu*, santuário posicionado no topo do zigurate:[4] "O *gigunu* era uma estrutura retangular, envolta por uma cerca de junco e um *stand* de árvores [de cedro] que ocupava o topo do zigurate".[5] O *gigunu* servia de alojamento para determinado deus quando a deidade não estava ativamente envolvida em atividades do templo.[6] Não se tratava de um lugar onde a imagem recebia adoração ou rituais sacrificiais; o deus estava "de folga". A sala interna do *gigunu*, chamada de "quarto das trevas", servia para dormir. Também eram feitas provisões para que a divindade comesse, tomasse banho e se ungisse.

---

[4] Thorkild Jacobsen, "The Mesopotamian Temple Plan and the Kitîtum Temple" [Arquitetura do templo mesopotâmico e do templo de Kitîtum] *EI* 20 (1989): 78-91; e Jacobsen, "Notes on Ekur" [Observações sobre Ekur], p. 40-47. Na Antiguidade, tratava-se de uma estrutura de junco, erigida sobre uma elevação artificial (*CAD* G 69).

[5] Jacobsen, "Notes on Ekur" [Observações sobre Ekur], p. 41.

[6] Semelhante a um bastidor moderno, uma acomodação fora de cena para artistas.

Quando a mentalidade da Grande Simbiose é trazida para o contexto de Gênesis 11, podemos perceber uma importante nuance no desejo dos construtores por tornar seu nome famoso. No passado, quando essa motivação era avaliada, indicava-se geralmente que a ofensa dos construtores estava no fato de *eles* procurarem a fama para si em vez de deixarem *Deus* honrá-los. Propomos, antes, que o contraste não é encontrado na ação verbal (*tornar* o nome famoso), nem no sujeito (*eles*, não *Deus*, tornando o nome famoso), mas no objeto indireto (um nome *para si* e não para *Deus*). Se um espaço sagrado está sendo construído (como o zigurate sugere), seu objetivo deve ser a fama de Deus, não a fama para si mesmos. Repare, por exemplo, no seguinte trecho de *Enuma Elish* 6.51: "Façamos um santuário cujo nome é famoso". A mentalidade de Grande Simbiose podia levar facilmente à motivação concentrada no próprio sucesso e bem-estar.[7] Em outras palavras, a motivação dos construtores na edificação do espaço sagrado era o benefício próprio.

A ideia de que a construção do espaço sagrado deve dar fama à deidade é refletida tanto na literatura do AOP, no nome de zigurates e templos,[8] quanto na ideologia bíblica.[9] A ofensa dos construtores não está em usurpar prerrogativas divinas (conforme tem sido sugerido), mas em diminuir os atributos divinos. Construtores do zigurate tentavam estabelecer um espaço sagrado, uma atividade por si só elogiável, porém com motivação errada.

Neste ponto, fica óbvio que as principais interpretações da ofensa atribuída aos construtores da torre estão sendo questionadas: eles

---

[7] Pensamento estimulado pela observação de Justin White, aluno de John.

[8] A. George, *House Most High: The Temples of Ancient Mesopotamia* [Casa altíssima: templos da antiga Mesopotâmia] (Winona Lake: Eisenbrauns, 1993), #140: "House of Fame" [Casa da fama] (*bit dalili*) Nippur [Nipur]; #811: "House of the Exalted Name" [Casa do nome exaltado]; e #812: "House Chosen by Name" [Casa escolhida por nome].

[9] Salmos 34:3: "exaltemos (*rum*) o seu nome [do Senhor]", sugerido de Malaquias 1:11-12 (se um nome pode ser profanado, também pode, teoricamente, ser exaltado); construir um templo para o "nome do SENHOR" (1Reis 3:2; 5:3-5; 8:16-29).

não tentam ascender ao céu, nem são culpados de ostentação e orgulho, nem desobedecem ao mandamento de encher a terra.

O zigurate era parte de um sistema no qual os deuses desceriam para habitar na imagem preparada para conter sua presença. Por meio dessa imagem, a deidade receberia cuidados através de rituais designados para esse propósito. O texto não articula esse sistema, mas não precisa fazê-lo. O símbolo do zigurate era evocado de forma clara na mente israelita, familiar com sua função. O sonho de Jacó, em Gênesis 28, é mais uma evidência sobre esse entendimento.

Estudos comparados: literatura do AOP e ambiente cognitivo

Nenhum relato na literatura do AOP forma um paralelo com o acontecimento retratado em Gênesis 11:1-9. No entanto, o trecho bíblico é rico em elementos e ideias autênticos, reconhecíveis no ambiente cognitivo. Faremos um resumo dos elementos e, em seguida, discutiremos o que aprendemos pelo exercício comparativo.

Na literatura do AOP há um tema familiar conhecido como "rei irreverente". Normalmente, o tema identifica ofensas de determinado rei cuja ação irresponsável leva à queda de uma cidade, linhagem dinástica ou império. Próximo do fim do que hoje é conhecido como Terceira dinastia de Ur, Amar-Suen (2046-2038 a.C.), filho do famoso e longevo Shulgi, assume o trono de Ur e é retratado como rei irreverente.[10]

Uma sequência de acontecimentos durante o seu reinado traz temas familiares. Embora o centro político do Império estivesse em Ur, Eridu, a cidade vizinha, era de grande importância religiosa para o deus Enki. Em Eridu, a construção do templo e do zigurate

---

[10] Piotr Michalowski, "Amar-Su'ena and the Historical Tradition" [Amar-Su'ena e a tradição histórica], em *Essays on the Ancient Near East* [Ensaios sobre o Antigo Oriente Próximo], ed. M. J. Ellis (Hamden: Archon, 1977), p. 155-57.

de Enki fora iniciada pelo primeiro rei da dinastia, Ur-Nammu, porém ele foi incapaz de completá-la.[11]

Propondo-se a completar a obra, Amar-Suen tentou prosseguir com o projeto, mas, ano após ano, não obteve a permissão dos deuses. Visto que um dos maiores desejos de qualquer deus era a construção de um templo em sua honra, o fato de o rei não conseguir autorização para a construção do santuário deixava-o consternado. Todavia, Amar-Suen finalmente deu prosseguimento à construção (se com ou sem permissão, não está claro) e, além do mais, fez isso explicitamente para "fazer seu nome eterno".[12]

Amar-Suen foi sucedido por Shu-Suen e Ibbi-Suen antes que o Império e a dinastia finalmente caíssem. A queda de Ur ocorreu após décadas de perturbações atribuídas aos "amorreus"; no entanto, o golpe final veio pelas mãos dos elamitas. Descrita em forma de elegia, a queda de Ur está documentada em duas composições conhecidas do mundo antigo: "Lamentação pela destruição de Ur" e "Lamentação pela destruição da Suméria e de Ur".

A conclusão de que Amar-Suen pode ter sido o responsável pela queda da cidade é extraída implicitamente de alguns indicadores. Um hino de Amar-Suen (hino B) remete à ideia de que Enki abandonara seu templo em Eridu como resultado de problemas entre as pessoas:

> Naquele tempo, a humanidade não era [boa/ ordeira?] [...]
> Longe da sabedoria, não [falava?] palavras inteligíveis [...]

---

[11] O templo era chamado de Apsu (*é.abzu*) e o zigurate, *é.unir* (significando "torre do templo"). Para mais informações, cf. George, *House Most High* [Casa altíssima], p. 65, linha 30, e p. 154, linha 1.150.

[12] Peeter Espak, *The God Enki in Sumerian Royal Ideology and Mythology* [O deus Enki na ideologia real e mitologia suméria] (Wiesbaden: Harrassowitz Verlag, 2015), p. 61. Cf. também o texto "Amar-Suena and Enki's Temple" [Amar-Suena e o templo de Enki] (Amar-Suena A), http://etcsl.orinst.ox.ac.uk/cgi-bin/etcsl.cgi?text=t.2.4.3.1&charenc=j#.

[...]
Gerou-se a maldade; fazer o mal era bom(?)[13]

A sequência de acontecimentos históricos das últimas décadas que precederam a queda da Terceira dinastia de Ur é incerta devido à falta de documentos. Alguns eruditos acreditam que Eridu foi abandonada no início do reinado de Amar-Suen, ou que pelo menos a cidade caiu antes de Ur.[14]

Quando avaliamos os paralelos entre a situação de Amar-Suen e a torre de Babel, descobrimos que não há razão para pensar que ambos se referem ao mesmo acontecimento ou que determinado trecho literário do AOP os interliga. Entretanto, a comparação demonstra que muitos dos aspectos encontrados na história da torre de Babel teriam sido familiares no contexto do mundo antigo.

Mais uma referência interessante do mundo antigo é digna de menção. Já comentamos sobre como os *apkallu* têm conexão com os filhos de Deus de Gênesis 6 (proposição 12). A grande tradição dos *apkallu* é antediluviana, mas, depois do dilúvio, quatro dessas criaturas são mencionadas, cada qual citada por uma ofensa (provocar a ira de algum deus, embora nenhum detalhe nos seja fornecido). O

---

[13] Espak, *God Enki* [Deus Enki], p. 61.

[14] Dominique Charpin, *Clerge d'Ur au siecle d'Hammurapi* [O clero de Ur no século de Hamurabi] (Paris: Gallimard/NRF, 1986), p. 294. Para discussão, cf. Espak, *God Enki* [Deus Enki], p. 114. Se verdadeiro, trata-se de um caso intrigante, pois, embora Eridu seja considerada a primeira cidade nas tradições mesopotâmicas, os nomes Eridu e Babilônia são normalmente usados de forma intercambiável nos textos antigos. Em *Gênesis de Eridu*, ambos se referem à mesma cidade. Stephanie Dalley, "Babylon as a Name for Other Cities Including Nineveh" [Babilônia como nome para outras cidades, incluindo Nínive] em *Proceedings of the 51st Rencontre Assyriologique Internationale Held at the Oriental Institute of the University of Chicago* [Anais do 51º Encontro Assiriológico Internacional Realizado no Instituo Oriental da Universidade de Chicago], *18-22 de julho de 2005*, ed. R. D. Biggs, J. Meyers e M. T. Roth, RAI 51 (Chicago: University of Chicago, 2008), p. 25-34, especialmente as p. 25-26.

último *apkallu*, entretanto, é mencionado como aquele que "trouxe Ishtar do céu e a levou para dentro do santuário".[15]

A ideia de que as escadas do zigurate propunham a descida de determinado deus é evidenciada no mito mesopotâmico "Nergal e Ereshkigal", no qual o mensageiro dos deuses desce do céu para o mundo dos mortos por uma escada (do acádio, *simmiltu*). A conexão dessa escada mítica aos zigurates é especificada pelo nome do zigurate em Sippar: "Lugar Sagrado da Escada Pura para o Céu".[16]

Coerência de Gênesis 1—11

O entendimento da ofensa como tentativa de restabelecer a presença de Deus com motivações erradas nos leva à uma compreensão sobre o papel da construção da torre na estratégia retórica de Gênesis 1—11. Em Gênesis 2, Deus constrói um espaço sagrado no jardim do Éden. A humanidade foi colocada no espaço sagrado com funções sacerdotais (Gênesis 2:15). Vida e sabedoria (representadas pelas árvores) estavam disponíveis na presença de Deus. Quando, incitados pela serpente, os seres humanos buscaram fazer de si mesmos o centro da sabedoria e da ordem ("vocês serão como os deuses..."), foram expulsos do espaço sagrado.

Em Gênesis 4, dádivas sacrificiais são trazidas e, em Gênesis 4:26, alguns começam a invocar o nome do Senhor; contudo, nada disso restabelece a presença divina. Gênesis 6:1-4 indica um substituto menor para a presença divina nos filhos de Deus, cuja era se estende de Adão até Noé. Gênesis 11:1-9 nos dá um relato de construtores tomando a iniciativa de readquirir o espaço sagrado

---

[15] A. Annus, "On the Origin of the Watchers: A Comparative Study of the Antediluvian Wisdom in Mesopotamian and Jewish Traditions" [Sobre a origem das sentinelas: um estudo comparativo da sabedoria antediluviana nas tradições mesopotâmica e judaica], *Journal for the Study of the Pseudepigrapha* 19 (2010):297.

[16] George, *House Most High* [Casa altíssima], p. 115, #672: é.kun4.an.kù.ga, onde o kun4 sumério equivale ao acádio *simmiltu*. O cognato hebraico para *simmiltu*, *sullam*, é a palavra que descreve a escada que Jacó vê no sonho, em Gênesis 28:10-12.

através da presença habitadora de Deus no templo (associado com o zigurate). Seu objetivo é fazer Deus descer e, assim, reconquistar um privilégio perdido no Éden.[17]

O tema de Gênesis 1—11 não é simplesmente a usurpação de prerrogativas divinas ou a violação de limites entre as identidades divina e humana, mas a invasão da desordem na esfera ordenada. Adão e Eva trouxeram a desordem do pecado e da morte (instigados pela serpente, uma criatura do caos). Já traçamos o desenvolvimento do tema da ordem (proposição 11) e podemos agora adicionar alguns pontos a mais no desenvolvimento do tema por toda a seção de Gênesis 1—11:

- Assim como a Criação estabelece ordem em Gênesis 1, a ordem é, depois do dilúvio, estabelecida em uma recapitulação da Criação. Tanto em Gênesis 8 quanto em Gênesis 1, terra seca emerge das águas cósmicas. Pessoas e animais aparecem em ambos os relatos e, em ambos, recebem a bênção de Deus. Uma diferença crucial, porém, é que, depois do dilúvio, Deus não "descansa" em sua presença entre o seu povo.
- A aliança com Noé após o dilúvio não repete o mandamento de "sujeitar e dominar". Em Gênesis 1, serviu como expressão do papel humano em estender a ordem. Agora, no entanto, a expansão da ordem baseada no espaço sagrado e na presença de Deus não é mais possível — embora o ser humano seja chamado a manter a ordem social, da qual ainda tem responsabilidade (p. ex., julgar crimes capitais [Gênesis 9:6]).
- O "projeto Babel", motivado pela Grande Simbiose, representa desordem no inter-relacionamento divino e humano,

[17] Ideia sugerida por Eva Teague, aluna de John.

resultando na interrupção da ordem pela confusão das línguas. A interrupção da ordem é feita por Deus.

- Construtores da torre concebiam um espaço sagrado focado em si mesmos ("nosso nome será famoso") — uma repetição do cenário do Éden — formando, assim, um *inclusio* que engloba toda a seção de Gênesis 1—11. A motivação do projeto de construção era que a ordem fosse determinada pelos construtores e girasse ao redor deles.

Quando o tema da ordem por meio da presença divina é reconhecido em Gênesis 1—2, e a restauração da presença divina é reconhecida como a motivação dos construtores do zigurate, Gênesis 1—11 pode ser visto como uma unidade. Gênesis 1—2 forma um *inclusio* com o capítulo 11, servindo de recurso retórico do período primordial.

Conexão entre Gênesis 1—11 e Gênesis 12—50. A interpretação de Gênesis 1—11 que apresentamos em geral, e especificamente a interpretação de Gênesis 11, não apenas estabelece a continuidade temática e teológica ao longo de Gênesis 1—11, mas também serve de base para a transição de Gênesis 1—11 para Gênesis 12—50.[18] Para vermos a conexão, precisamos examinar a conclusão da narrativa de Babel: a confusão das línguas e a dispersão das pessoas.

Em vista da ofensa e da estratégia retórica de Gênesis 1—11 previamente oferecida, a confusão das línguas e a resultante dispersão podem ser vistas como mais do que uma punição. Mais precisamente, trata-se de um meio, não de um fim em si. O objetivo é que a construção da cidade cesse.[19] Deus de fato desce (Gênesis 11:5), como os construtores intencionavam, porém ele não se agrada da iniciativa humana devido à premissa sobre a qual está fundamentada.

---

[18] Mark A. Awabdy, "Babel, Suspense, and the Introduction to the Terah-Abram Narrative" [Babel, suspense e a introdução à narrativa de Terá e Abraão] *JSOT* 35 (2010):3-29, sugere a ideia de que Gênesis 12 é uma resposta a Gênesis 11:1-9.

[19] Incentivado pela observação de Ashley Edewaard, aluna de John.

Os construtores passaram dos limites (Gênesis 11:6) ao tentarem estabelecer ordem por meio do espaço sagrado e da instituição da Grande Simbiose que esse espaço facilitava.

Dispersão por meio da confusão de línguas cria condições ideais para a contra iniciativa programática intencionada por Yahweh. O plano começa em Gênesis 10, que descreve o surgimento de setenta nações; Gênesis 11 descreve a dispersão das nações. Esses povos podem ser vistos como tendo sido divididos entre os filhos de Deus, em Deuteronômio 32:8.[20] Assim, Gênesis 12 inicia a escolha de Deus da nação de Israel (mais uma vez, aludido em Deuteronômio 32:8). Eleição (aliança) implica diversidade (visto que alguém é escolhido dentre muitos). A escolha de Abraão, por sua vez, leva-nos a um exame do relacionamento retórico das duas seções principais de Gênesis.

O relato da construção da torre introduz um segundo problema teológico que precisa ser resolvido. O primeiro é o problema da desordem do pecado introduzido na Queda, resultando na perda do acesso ao espaço sagrado. Antes, porém, que esses problemas possam ser resolvidos, é imperativo que Deus revele sua natureza e institua o relacionamento, a fim de que o espaço sagrado seja restabelecido de forma adequada.

Desse modo, a narrativa da construção da torre é seguida naturalmente pela iniciativa de Deus, cujo propósito é restabelecer o espaço sagrado através de sua presença duradoura. Deus habitará com seu povo depois de estabelecer um relacionamento (a aliança) com ele, por meio do qual se revelará (aos ancestrais e no Sinai). O relacionamento e a revelação servirão de prelúdio para a construção do espaço sagrado (o tabernáculo), tendo como base a correta premissa de um sistema ritualístico que não sugere uma divindade com necessidades. Deus faz um lugar para que seu nome seja honrado.

---

[20] Incentivado pela observação de John Raines, aluno de John.

Ele rejeita a estratégia errada dos construtores e embarca em sua própria iniciativa.

A iniciativa de Deus não restabelecerá sua presença na força da unidade humana, mas em meio à diversidade; não através da Grande Simbiose, caracterizada pela dependência mútua, mas pelo grande empreendimento da aliança, caracterizado pela Torá. Assim, Gênesis 11 oferece uma ponte para Gênesis 12: Gênesis 11 é a iniciativa humana falha de restabelecer a presença de Deus; Gênesis 12 é a iniciativa de Deus, cujo resultado será o relacionamento em sua presença e no espaço sagrado.[21] Mais uma vez, o pensamento sugere que Gênesis 1—11 serve a função de fornecer uma introdução às narrativas ancestrais em Gênesis 12—50.

Como última observação, podemos comparar e contrastar Gênesis 11 com o sonho de Jacó, em Gênesis 28. Em Gênesis 11, o povo constrói um zigurate (escada) a fim de fazer Deus descer e estabelecer o espaço sagrado. Em Gênesis 28, como parte do processo de estabelecer a aliança, Deus inicia a descida (escada) e o reconhecimento de espaço sagrado (Betel: "Temível é este lugar! Não é outro, senão a casa de Deus" [Gênesis 28:17]).

Vemos, assim, que Yahweh está se movendo para estabelecer sua presença (que será completada quando ele descer e habitar no tabernáculo) e que agora o faz em conexão com a aliança. Com base em todas essas observações literárias e teológicas, a aliança pode ser reconhecida à luz do seguinte foco: o restabelecimento do acesso à presença de Deus na terra. Ele habitará em meio a Israel, seu povo pactual; é por esse motivo que eles foram escolhidos.

Trajetórias intertextuais. Quando expandimos nosso ponto de vista para incluir trajetórias intertextuais, somos atraídos imediatamente ao relato do dia de Pentecostes, em Atos 2, texto que faz referência explícita à torre de Babel e manifesta o tema familiar das

---

[21] Sugerido por Eva Teague.

línguas.[22] Mais especificamente, podemos identificar determinada quantidade de conexões intertextuais entre Atos 2 e Gênesis 11—12:

- Lucas usa três termos de Gênesis 11 usados na Septuaginta (*glōssais*, línguas [v. 4]; *phonēn*, som; *syncheōmen*, perplexo, confuso [v. 6]).
- A tabela das nações forma um paralelo com a lista extensa de pessoas que participavam do Pentecostes em Jerusalém (Atos 2:9).
- Depois que a confusão linguística é revertida, uma aliança é declarada como cumprida ("A promessa é para vocês, para os seus filhos e para todos os que estão longe" [Atos 2:39]).

Com base nessas conexões explícitas, somos convidados a identificar outros pontos de comparação e contraste. O resultado é que Atos 2 pode ser visto como que servindo à função de um *inclusio* canônico-teológico em relação a Gênesis 11—12.

Contrastes incluem os seguintes pontos:[23]

- A descida do Espírito representa o estabelecimento correto da presença de Deus em Atos 2, contrastado com a descida de Yahweh para contrariar uma iniciativa errada, em Gênesis 11.
- A essência da deidade (representada no Espírito Santo) não desce para entrar em uma imagem do templo (modelo babilônico), mas para entrar em sua imagem representada por seu povo, particularmente a Igreja — expressão definitiva, na teologia do Novo Testamento, de Deus em meio ao seu povo.

---

[22] Construídas com base nas observações de Kelly Brady, aluna de John.

[23] Muitos deles são identificados por M. D. Goulder, *Type and History in Acts* [Tipo e história em Atos] (Londres: SPCK, 1964), p. 158-59.

- Com a presença de Deus, direita e legitimamente estabelecida, a diferenciação de línguas é simbolicamente revertida, abrindo, assim, acessibilidade universal a um relacionamento com Deus.
- A comunidade é interrompida em Gênesis, porém estabelecida no Pentecoste à medida que Deus começa a reunificar seu povo.
- O Pentecoste estabelece o nome de Deus/Cristo através de seu povo em vez de estabelecer o nome das pessoas através de seu esforço.
- A torre era construída para a obtenção da unidade na presença divina; a Igreja é construída por Deus para unidade na presença divina.
- Em Atos 2, à medida que as pessoas se dispersam com sua própria língua e retornam para o próprio lar, elas levam consigo a presença de Deus em vez de deixarem para trás um projeto falho.

Para concluir, podemos identificar algumas implicações teológicas que podemos extrair com base no entendimento proposto de Gênesis 11—12 e Atos 2:

- Na teologia do Novo Testamento, o Pentecoste é visto como (1) a conclusão do programa de revelação que Deus iniciou em Gênesis 12 através da aliança e (2) o estabelecimento da nova aliança, anunciada em Jeremias 31.
- O problema do Éden é visto na teologia do Novo Testamento como tendo sido resolvido por Cristo e revertido na nova criação; o problema de Babel é visto como que resolvido pela aliança e revertido no Pentecoste, no qual a ordem é trazida em meio à diversidade linguística.
- A intenção de Deus através do Pentecoste é proclamada por Pedro: atrair todas as nações a si mesmo — uma iniciativa a

mais na presença divina e no espaço sagrado, refletidos na teologia paulina dos cristãos como um templo.

Nas duas últimas proposições, consideramos os relatos dos filhos de Deus e da torre de Babel. Observamos o uso de narrativas recursivas (6:1-4; 11:1-9) que caracterizavam suas respectivas eras, antediluviana e pós-diluviana. Ambas representam a restauração potencial da presença de Deus (filhos de Deus habitando entre as pessoas como uma pseudopresença divina; construção da torre para o estabelecimento da presença de Deus na terra em um templo). Notamos também o uso de episódios demarcados (Queda, dilúvio, construção da torre) que caracterizam transições e devem ser vistos como acontecimentos reais, embora contenham aspectos arquetípicos e de iteração (tentativas repetidas do ser humano de se tornar o centro, dilúvios recorrentes que trouxeram destruição massiva e novos começos, construção rotineira de zigurates para forçarem Deus a descer). Vemos, agora, como todos esses elementos proveem o apoio contextual para as narrativas ancestrais.

PARTE 4

O MUNDO: REFLEXÃO ACERCA DE EVIDÊNCIAS PARA O DILÚVIO

Proposição 14

A história do dilúvio é baseada em um acontecimento real

Não acreditamos que a história bíblica do dilúvio seja mito, nem cremos que o autor de Gênesis 6—9 intenciona dar uma descrição direta do evento por trás da narrativa. Cremos na existência do acontecimento que inspirou a história; afinal, Gênesis 6—9 é *história* teológica. Entretanto, acreditamos que o melhor entendimento de Gênesis 1—11, o qual obviamente inclui o relato do dilúvio, é que a narrativa trata de acontecimentos passados reais pelo uso de linguagem figurada. No caso da história do dilúvio, identificamos o uso da hipérbole para descrevê-lo. Mas há um acontecimento real por trás da história, assim como há uma conquista fatual por trás da apresentação hiperbólica das guerras de Josué, conforme apresentada em Josué 1—12 (cf. a proposição 4).

Que acontecimento, especificamente, está por trás do dilúvio de Gênesis 6—9 (e também de outros relatos do AOP)? Não podemos ter certeza. No entanto, evidências mostram que mais de um dilúvio serviria de candidato como inspiração para a história. Com isso, não queremos dizer que um dos acontecimentos seja a fonte histórica definitiva da narrativa bíblica e do AOP, mas que houve dilúvios devastadores na pré-história humana, dentre os quais um deles pode ter criado raízes na memória humana e ter sido transmitido através de séculos, até mesmo milênios. Um desses dilúvios pode ter sido usado como veículo para que o autor de Gênesis apresentasse uma história a respeito do juízo de Deus e de sua ordem restauradora após uma fase de degeneração.

Todavia, precisamos ser cuidadosos. Em primeiro lugar, precisamos nos lembrar de que não há evidências para um dilúvio universal (existiriam provas para um dilúvio tão abrangente se ele de fato tivesse ocorrido; veja a proposição 15). Em segundo, não podemos reconstruir o acontecimento, de modo que não sabemos ao certo se a história é inspirada por algum dilúvio espetacular (como o ocorrido por volta de 5500 a.C., na região onde hoje seria a Turquia) ou por outro, de proporções normais (embora o uso de hipérbole para descrever o dilúvio o posicione melhor na primeira categoria). Em terceiro, devemos ter o cuidado de não sermos dogmáticos sobre qualquer dilúvio particular como inspiração para a história bíblica.

Em relação à terceira ressalva, pensamos na advertência fornecida pelo trabalho de Leonard Woolley, na década de 1920. Woolley é ampla e devidamente admirado por seu trabalho arqueológico de exploração em Tell al-Muqayyar, correspondente à antiga Ur, ao sul da Mesopotâmia. Woolley, que cria em um dilúvio universal, pensava conseguir evidências do dilúvio se conseguisse cavar fundo o suficiente. E foi precisamente o que fez, escavando sob o "Cemitério da Realeza de Ur", como ficou conhecido.

Woolley encontrou uma camada de lodo de três metros de espessura, a qual não continha nenhum artefato. O pesquisador causou um grande alvoroço ao alegar que a camada servia de evidência para um dilúvio massivo nas planícies aluviais da Mesopotâmia, que, embora local (mesmo abrangendo milhares de quilômetros quadrados), parecia universal. Entretanto, camadas diluvianas equiparadas com o mesmo período não foram encontradas em cidades vizinhas, nem mesmo por toda a região de Ur, de modo que, hoje, ninguém acreditaria nas alegações sensacionalistas de Woolley.[1] De acordo com Ryan e Pitman:

---

[1] Para uma avaliação detalhada de toda informação arqueológica proposta às vezes como evidência de um dilúvio no sul da Mesopotâmia, cf. Bailey, *Noah: The*

> Investigadores determinaram que a superfície do depósito era localizada, talvez apenas um único rompimento em uma barragem natural do rio Eufrates, formando o que hidrólogos modernos chamariam de 'depósito fluvial sedimentar', cobrindo, ao máximo, poucos quilômetros quadrados da planície aluvial lateral.[2]

Enquanto o dilúvio de Woolley mostrou ser um pobre candidato àquele que inspirou a história bíblica do dilúvio (e outras histórias do AOP), temos evidências de dilúvios verdadeiramente importantes, dentre os quais algum pode ter se enraizado na memória humana e sido transmitido pelos sobreviventes através de gerações via tradição oral e, por fim, escrita. Essa história, baseada em um acontecimento real, pode ter sido empregada pelo autor bíblico para modelar um relato cujo propósito era transmitir verdades teológicas essenciais.

Um dos exemplos sugeridos é o de uma enorme inundação que preencheu uma ampla área desértica para a formação do mar Mediterrâneo. Embora isso tenha acontecido ao longo de "uma única geração" e na proporção gigantesca da qual estamos falando, o acontecimento deve ser descartado, visto ter ocorrido cinco milhões de anos atrás, quando não havia seres humanos para testemunhá-lo.[3]

Como segundo exemplo, porém, pesquisadores encontraram, nas últimas décadas, provas convincentes de uma inundação massiva, a qual se enquadraria no tipo de acontecimento que impulsionou a história de Noé. Os principais pesquisadores foram William Ryan e Walter Pitman, ambos cientistas do Lamont-Doherty Earth

---

Person and the Story in History and Tradition [Noé: o homem e sua narrativa na história e na tradição] (Columbia: University of South Carolina Press, 1989), p. 28-38.

[2] William Ryan e Walter Pitman, *Noah's Flood: The New Scientific Discoveries About the Event That Changed History* [O dilúvio de Noé: novas descobertas científicas sobre o acontecimento que mudou a história] (Nova York: Simon and Schuster, 1998), p. 55.

[3] Ibid., p. 91.

Observatory, associado à Universidade Columbia. Ambos relatam sua pesquisa e conclusão em um livro envolvente, intitulado: *Noah's Flood: The New Scientific Discoveries About the Event That Changed History* [O dilúvio de Noé: novas descobertas científicas sobre o acontecimento que mudou a história].

Enquanto aqueles que se interessam pela evidência podem ler o livro sugerido, ressaltamos neste ponto a conclusão dos autores de que um dilúvio "irrompeu do Bósforo tão violentamente em 5600 a.C. [que], da Anatólia, dividiu a Europa".[4] O dilúvio foi tão avassalador que transformou um lago de água doce no que é hoje o Mar Negro. Muitos que viveram às margens não mais existentes desse lago e nas regiões ao redor foram mortos ou deslocados de sua casa.

A descrição de Ryan e Pitman sobre o tipo de pessoa que experimentou esse dilúvio é digna de uma citação extensa:

> Parece provável que os seres humanos que testemunharam o dilúvio do mar Negro e foram expulsos de suas casas pela inundação eram habitantes de cidades, cujas habilidades variavam em cultivo do campo, plantio, colheita e criação de animais. Muitos teriam sido artesãos, pedreiros, carpinteiros, pintores, escultores, tecedeiros, coureiros, joalheiros, oleiros e coveiros. Bens eram produzidos para consumo local e para o comércio com outras comunidades distantes do Levante, talvez mesmo na Europa Oriental, segundo proposto por Gordon Childe. É provável que existisse entre eles certa forma de estrutura política e social, com uma classe da sociedade conduzindo tarefas administrativas; outra, trabalho manual; e ainda outra, como xamãs, realizando cerimônias de religião e mágica — até mesmo cirurgia cerebral. Essas pessoas sofriam de doenças como malária e artrite. A expectativa média de vida mal chegava aos trinta anos, porém alguns anciãos chegavam até os sessenta. Podemos presumir que essas pessoas — como seus ancestrais natufianos milhares de anos antes, quando confrontados por uma mudança drástica em seu

[4] Ibid., p. 188.

> ambiente — lidavam com a catástrofe embalando seus pertences e saindo em busca de um novo lar com o propósito de dar continuidade ao conhecimento adquirido, levando consigo suas ferramentas e cultura.[5]

Ryan e Pitman sugerem que aqueles que sobreviveram a esse dilúvio recordavam-no enquanto imigravam para novas localidades, inspirando, assim, histórias diluvianas em culturas posteriores, incluindo os relatos bíblico e babilônico. Adicionamos que cada relato assumiu determinada forma de acordo com a particularidade e as crenças religiosas de cada cultura em que foi transmitido.

A tese de Ryan e Pitman é intrigante. Antes de encontrarem provas, ambos duvidavam que a história bíblica do dilúvio fazia qualquer referência a um acontecimento real. Segundo eles, tratava-se de puro mito. Agora, ambos acreditam que um acontecimento real inspirou a história do dilúvio.

Por mais intrigante, porém, que seja a conclusão de Ryan e Pitman, não estamos dizendo que esse acontecimento em particular gerou a história do dilúvio. Não cremos que é possível reconstruir a ocorrência histórica a partir do relato bíblico. Entretanto, estamos confiantes, devido ao gênero de Gênesis 6—9 (história teológica) e a nossa convicção de que a Bíblia é verdadeira em tudo o que afirma, de que o dilúvio foi, de fato, um acontecimento histórico. Nossa conclusão é que a inundação do Mar Negro é um *tipo* de dilúvio devastador que poderia, em última análise, ter inspirado o relato bíblico, ainda que ele mesmo não seja o acontecimento bíblico em si.[6]

---

[5] Ibid., p. 187.

[6] Outra teoria recentemente sugerida por pesquisadores tenta conectar o dilúvio bíblico à incursão do Golfo Pérsico no sul da Mesopotâmia, cerca de oito mil anos atrás. O problema com a teoria é que a incursão não foi repentina, mas ocorrida ao longo de dois mil anos.

Seja qual for o acontecimento histórico preciso, a história foi contada de geração em geração, formando, com o tempo, a base para o *toledot* (ou "relato" [cf. a proposição 2]) que chegou aos narradores israelitas e, posteriormente, aos redatores da forma final do Pentateuco. Seu uso da história de Noé e do dilúvio serviu de importante mensagem teológica (cf. a proposição 11).

Proposição 15

A geologia não evidencia um dilúvio universal

Stephen O. Moshier

Quaisquer alegações sobre a escala geográfica ou hidrológica do dilúvio de Noé devem ser testáveis pela observação do mundo natural. É típico associarmos inundações com águas turbulentas e rápidas que transbordam da margem de rios e retornam de onde saíram em questão de horas, dias ou semanas. No entanto, inundações também causam erosão na superfície de materiais, sobretudo no solo e em sedimentos soltos, e os depositam em outro lugar. Se o dilúvio de Gênesis submergiu todos os relevos terrestres, não deveria existir evidência substancial de erosão e deposição? Defensores da geologia do dilúvio alegam ter evidências, segundo promovem em muitas publicações, vídeos, websites e atrações populares, destinadas a um público cristão evangélico.[1] Contudo, a comunidade científica mundial rejeita de forma esmagadora a interpretação de geólogos do dilúvio.[2]

[1] Dentre os livros mais importantes que promovem a geologia do dilúvio, encontram-se John C. Whitcomb e Henry M. Morris, *The Genesis Flood: The Biblical Record and Its Scientific Implications* [O dilúvio de Gênesis: o registro bíblico e suas implicações científicas] (Philadelphia: Presbyterian and Reformed, 1961); Steven A. Austin, *Grand Canyon: Monument to Catastrophe* [Grand Canyon: Monumento à catástrofe] (El Cajon: Institute for Creation Research, 1994); e Andrew A. Snelling, *Earth's Catastrophic Past: Geology, Creation and the Flood* [Passado catastrófico da terra: geologia, criação e o dilúvio] (Dallas: Institute for Creation Research, 2009).

[2] A comunidade científica dominante inclui inúmeros cristãos evangélicos que não aceitam a geologia do dilúvio. Críticos importantes dentre geólogos cristãos

Hoje, a que se assemelharia um mundo inundado por um dilúvio? Certo defensor popular da geologia do dilúvio gosta de dizer que esperaria que um dilúvio mundial enterrasse "bilhões de coisas mortas na terra". Na verdade, cientistas do Renascimento — os primeiros a estudarem rochas — conjecturaram, cerca de quatrocentos anos atrás, que fósseis serviam de evidência para a grande inundação bíblica. Leonardo da Vinci (1452-1519) comparou a disposição de conchas na praia com fósseis nas rochas, concluindo que fósseis não sofreram um transporte violento e de longa distância. Em anos subsequentes de pesquisa e descoberta, cientistas chegaram ao reconhecimento de que o dilúvio bíblico não foi responsável pela criação de rochas, nem pela formação de paisagens.

Geólogos desenvolveram o conceito de ciclo das rochas a partir da observação de processos modernos e de rochas antigas. Medições estruturais entre tipos diferentes de rocha exibem tipos variados de formação e reciclagem rochosa: rochas ígneas cristalizam a partir de magma ou lava; rochas sedimentares são compostas pelo intemperismo de outras rochas (ou, no caso do calcário, pelo acúmulo de conchas marítimas) e rochas metamórficas se transformam a partir de rochas mais antigas através de calor e pressão. Rochas sedimentares fornecem um registro histórico das condições de superfície da Terra porque contêm evidências de vida antiga (fósseis e rastros), processos de deposição (estratificações como marcas de ondulação, sinais de rachadura, impressões de chuva e superfícies erosivas) e

incluem Davis A. Young e Ralph F. Stearley, *The Bible, Rocks and Time: Geological Evidence for the Age of the Earth* [A Bíblia, rochas e tempo: evidência geológica para a idade da Terra] (Downers Grove: InterVarsity Press, 2008) e autores cristãos que contribuem com alguns capítulos em Carol Hill et al., eds., *The Grand Canyon, Monument to an Ancient Earth: Can Noah's Flood Explain the Grand Canyon?* [Grand Canyon, monumento à Terra antiga: o dilúvio de Noé pode explicar o Grand Canyon?] (Grand Rapids: Kregel, 2016).

até mesmo de condições climáticas passadas (componentes biológicos e químicos nas rochas).[3]

A espessura de rochas sedimentares varia grandemente de um continente para o outro e em bacias marítimas. Há lugares no continente norte-americano, como no Planalto do Colorado, onde camadas de rocha sedimentar chegam a 7 mil metros de espessura ou mais! Boa parte das camadas de arenito e xisto é composta de partículas sedimentares de areia e argila, erodidas de rochas expostas em cordilheiras há muito desaparecidas. Outras camadas são compostas por sedimentos calcários, originados de fragmentos de concha e lama, os quais se acumularam em mares rasos que cobriam intermitentemente os continentes. O Golfo do México contém mais de 12 mil metros de sedimento acumulado a partir de detritos rochosos da América do Norte e inclui 1.500 metros de sal, os quais só poderiam ter se formado a partir da evaporação de grandes volumes de água do mar.[4] Com base nesse tipo de informação estratigráfica global, o consenso da maioria dos geólogos nos últimos 250 anos tem sido que rochas sedimentares preservam registros de deposição de centenas de milhões de anos.[5]

Geólogos do dilúvio reinterpretam a mesma informação estratigráfica global como evidência que suporta um dilúvio mundial, conforme descrito em Gênesis 7—8. No cenário montado por eles, a elevação das águas varreu a paisagem pré-diluviana e produziu

---

[3] Essas características são explicadas e ilustradas para leigos em Hill, *Grand Canyon*.

[4] John M. Armentrout, "Sedimentary Basin Analysis" [Análise de bacias sedimentares] em *Treatise of Petroleum Geology/Handbook of Petroleum Geology: Exploring for Oil and Gas Traps* [Tratado da geologia do petróleo/livro da genealogia do petróleo: exploração em busca de armadilhas estruturais de petróleo e gás], ed. E. A. Beaumont e N. H. Foster (Tulsa: American Association of Petroleum Geologists, 1999), p. 4-1–4-123.

[5] Martin J. S. Rudwick, *Earth's Deep History: How It Was Discovered and Why It Matters* [A história profunda da terra: como ela foi descoberta e por que é importante] (Chicago: University of Chicago Press, 2014), p. 360.

partículas de sedimento, redistribuídas por correntes que se moviam rapidamente sob as águas enquanto cobriam as montanhas mais altas. Correntes transportaram grandes quantidades de areia pelos continentes em questão de dias ou meses. De fato, bilhões de coisas mortas pereceram e foram enterradas sob águas turbulentas em milhares de metros de sedimento, os quais se endureceram rapidamente em rochas sedimentares.

Como testamos esses dois pontos de vista opostos sobre geologia e dilúvio — "não há evidências" contra "tudo é evidência"? À pergunta "O que esperaríamos de um dilúvio universal?", devemos começar nossa resposta pela consideração exata do que está escrito em Gênesis com respeito à hidrologia do dilúvio. A origem do dilúvio inclui "todas as fontes das grandes profundezas [...] e as comportas do céu" (Gênesis 7:11). A chuva continua pelos primeiros 40 dias e, por 150 dias, as águas prevalecem sobre (cobrem) a terra (Gênesis 7:12, 24). As águas começam a diminuir pelos próximos 150 dias, depois de um vento passar pela terra e "as fontes das profundezas e as comportas do céu se [fecharem]" (Gênesis 8:1-3). Levou ainda mais 70 dias para que a terra secasse (Gênesis 8:14). Podemos estimar quão rapidamente as águas subiram para cobrir o monte Ararate, que fica 5 mil metros acima do nível do mar: em um espaço de 150 dias, as águas teriam que aumentar a uma taxa média de 34 metros por dia (e retroceder pelos próximos 150 dias na mesma proporção).

O que podemos dizer sobre os fenômenos descritos na narrativa? Em outros lugares, observamos que a história reflete uma cosmologia antiga de águas subterrâneas sob uma terra plana e águas suspensas acima do firmamento, as quais podiam ser liberadas com a abertura das comportas do céu. Nascentes que emitem águas subterrâneas abundantes eram comuns em toda a Mesopotâmia e nos planaltos em redor em decorrência de um leito rochoso calcário, composto por sistemas complexos de fraturas subterrâneas (conhecidas como relevo cársico). Essas fontes alimentam o afluente dos rios Tigre e Eufrates e se expandem em períodos de enchente sazonal.[6]

Entretanto, um dilúvio mundial exigiria que as águas emergissem do solo e caíssem do céu no mundo inteiro. Até onde sabemos, nenhum sistema geológico é capaz de explicar tanta água de chuva ou do solo em um tempo tão curto; por isso, geólogos do dilúvio argumentam que a terra pré-diluviana era muito diferente da que observamos hoje. Ao aplicarem conceitos geológicos modernos inexistentes na narrativa bíblica e irem além de qualquer entendimento do AOP na exposição do texto, geólogos do dilúvio explicam que as "fontes das grandes profundezas" correspondem a fraturas e fendas submersas. Nesse caso, as águas teriam jorrado de algum reservatório amplo da crosta ou do manto superior.

Mas quão diferente era a terra pré-diluviana? A narrativa omite detalhes específicos sobre como a paisagem mudou depois do dilúvio e como era antes dele. Havia montanhas antes do dilúvio; águas cobriram as montanhas; águas drenadas da paisagem retornaram para o mar. Noé parece ter pousado em seu próprio quintal, ou certamente não muito distante de onde a jornada começou. Contudo, geólogos do dilúvio sustentam que a terra toda foi praticamente remodelada durante a enchente e aplicam ideias geológicas correntes — como deriva continental e placas tectônicas — para explicar hipóteses. Ignorando restrições físicas e propriedades mecânicas da crosta terrestre, geólogos do dilúvio imaginam placas litosféricas movendo-se na rapidez de 8 a 16 quilômetros por dia (placas se movem na proporção de centímetros por ano). Curiosamente, eles evitam apelar à intervenção milagrosa de Deus no curso de processos físicos do dilúvio.

Uma das organizações mais proeminentes na promoção do dilúvio universal propõe cinco categorias de evidência geológica. Em

---

[6] Carol A. Hill, "Qualitative Hydrology of Noah's Flood" [Hidrologia qualitativa do dilúvio de Noé] *Perspectives on Science and Christian Faith* [Perspectivas sobre ciência e fé cristã] 58 (2006):120-29.

termos de apresentação geral, as evidências parecem intuitivamente razoáveis. No entanto, sob uma análise mais cuidadosa, cada afirmação deturpa o que realmente é afirmado pela geologia.

1. Fósseis de conchas encontrados em rochas acima do nível do mar. Geólogos do dilúvio questionam: Como rochas sedimentares, contendo restos abundantes de fósseis marinhos, podiam ter sido depositadas a milhares de metros acima do nível do mar, exceto por uma inundação oceânica dos continentes? Contudo, há muitos lugares na terra hoje onde depósitos espessos de sedimentos e rochas sedimentares estão acumulando em crostas continentais abaixo do nível do mar.[7] Com o acúmulo de camada após camada de sedimentos, ocorre uma compressão e a crosta de base deprime, como o acúmulo de livros pesados em um colchão frágil. Esses processos permitem o acúmulo de muitos quilômetros de sedimento em uma massa de água cuja profundidade é relativamente constante (um bom exemplo moderno é o Golfo do México). Atividade tectônica pode fazer com que a crosta continental contendo rochas sedimentares se eleve acima do nível do mar. Em cordilheiras, rochas fossilizadas sofreram deformação (falhas e dobras geológicas) durante episódios passados de elevação crustal. Lugares como o Planalto do Colorado experimentaram uma ampla deformação da crosta, mas sem deformações extensas (como uma superfície plana de madeira pode se deformar caso absorva umidade).

2. Camadas de rocha ao longo de continentes inteiros. Geólogos designam diferentes camadas sedimentares de rocha em distintas formações que podem ser traçadas lateralmente por grandes distâncias ao longo de um continente. Geólogos do dilúvio argumentam que apenas um dilúvio global poderia transportar sedimento

[7] Exemplos incluem todas as grandes plataformas continentais ao redor do oceano Atlântico e Golfo do México; o mar do Norte, entre Reino Unido e Noruega; o Golfo de Carpentária, entre Austrália e Papua Nova Guiné; o mar da China Meridional, dentre outros.

ao longo de continentes.[8] Muitas camadas de rocha sedimentar cobrem amplas áreas continentais, mas nenhuma camada única cobre um continente inteiro de uma ponta à outra, como afirmam geólogos do dilúvio. Na verdade, um mapeamento detalhado mostra que camadas rochosas se sobrepõem umas às outras, como folhas empilhadas em um gramado. Em vez de indícios de um dilúvio gigantesco, a maioria dos geólogos encontra evidência abundante de múltiplos períodos de elevação e declínio do nível do mar, o qual chegou a alterar 120 metros em relação ao nível atual, para mais ou para menos.[9] É a combinação de baixa crosta continental (cf. o ponto 1) e alto nível do mar que, seguido por elevações, resultam nas camadas sedimentares agora existentes acima do nível do mar.

3. Rápida deposição de areia transportada pelos continentes. A deposição de areia entre continentes se origina do estudo conduzido por geólogos do dilúvio a partir de uma formação rochosa particular no Grand Canyon: o arenito Coconino. A maioria dos geólogos interpreta estratificações e rastros animais em camadas rochosas como representação de um antigo ambiente desértico de dunas de areia. A espessura do arenito chega a 180 metros no Grand Canyon e 300 metros no sul do Arizona. Partículas de areia parecem ter sido transportadas por rios até o local de deposição de uma fonte de rochas mais antigas, cerca de 960 quilômetros a oeste e ao norte (atuais Utah e Wyoming).

Rochas desérticas em meio ao dilúvio é um problema para a geologia diluviana; por isso, geólogos do dilúvio interpretam a areia como tendo sido transportada por correntes rápidas de 3 a 6 quilômetros

---

[8] Na verdade, os principais sistemas fluviais, a partir de inundações locais, transportam sedimentos por grandes distâncias ao longo de continentes. Repare, porém, quanto tempo levaria para que um grão de areia de Minnesota chegasse ao delta do rio Mississippi. Décadas? Séculos? Milênios?

[9] Kenneth G. Miller et al., "The Phanerozoic Record of Global Sea-Level Change" [Registro fanerozoico da mudança global do nível do mar] *Science* 310 (2005):1293-98.

por hora, sob águas profundas.[10] Para se encaixar no período do dilúvio, depósitos de sedimento para a formação do arenito Coconino teriam de ser transportados em questão de dias, exigindo uma massa de areia de centenas de metros de espessura e centenas de quilômetros de largura, movendo-se diversos quilômetros por hora e por milhares de quilômetros quadrados![11] Esse cenário catastrófico de deposição não explica de forma adequada como a pegada de animais delicados poderia ter sido preservada de forma tão abundante na estratificação.

Considere as taxas de deposição extraordinárias que são necessárias para o depósito de cerca de 8 mil metros de sedimento em uma região da terra ou 12 mil, em outra. Se a deposição ocorresse entre 150 e 200 dias, representaria o acúmulo de 46 a 70 metros de sedimento no leito oceânico por dia! Um ponto de vista difundido pela geologia diluviana é que estratos expostos no Grand Canyon representam a deposição inicial dos primeiros 150 dias do dilúvio. Assim, cerca de 12 mil metros de sedimento teriam sido depositados no local a uma taxa média de 7 metros por dia, ou cerca de 30 centímetros por hora.[12]

4. Camadas formadas em sucessão rápida. Outro problema é a série espessa de camadas de rocha sedimentar que formam dobras e se encurvam em estratos de até 90 graus. Por não observarem evidências de fratura nas camadas, geólogos do dilúvio alegam que a curvatura ocorreu após o acúmulo de camadas em rápida sucessão, mas antes de o sedimento se enrijecer em rocha sólida.[13] Na verdade,

---

[10] Andrew A. Snelling, "Sand Transported Cross Country: Flood Evidence Number Four" [Areia transportada pelo país: evidência do dilúvio número quatro] *Answers* 3, n. 4 (2008):96-99.

[11] Timothy K. Helble, "Sediment Transport and the Coconino Sandstone: A Reality Check on Flood Geology" [Transporte sedimentário e o Arenito Coconino: averiguando a verdade sobre geologia do dilúvio] *Perspectives on Science and the Christian Faith* 63, n. 1 (2011):25-41.

[12] Ibid.

[13] Snelling, *Earth's Catastrophic Past* [Passado catastrófico da terra], p. 599-601.

a maioria dos geólogos reporta abundante evidência de fraturas e deslocamentos[14] ao longo de superfícies entre as camadas dessas rochas. Esse tipo de deformação pode ocorrer em rochas enrijecidas se altos níveis de tensão lhes forem aplicados por um longo período.

5. Falta de evidência de erosão gradual. Não devem existir evidências de erosão ou exposição ao ar em (ou entre) camadas de rocha sedimentar se essas camadas foram depositadas debaixo das águas do dilúvio em rápida sucessão. Entretanto, contatos geológicos que mostram evidência de *inconformidade* — isto é, de erosão, e não deposição entre camadas sucessivas de rocha sedimentar — são comuns em cada continente. Geólogos diluvianos citam contatos "finíssimos" entre formações no Grand Canyon como evidência de sedimentação contínua e sequência rochosa ininterrupta, das camadas superior à inferior. Eles reconhecem apenas uma grande inconformidade na sequência do Grand Canyon, conhecida como Grande Inconformidade, representando o começo da deposição diluviana.

Entretanto existem pelo menos *dezenove* inconformidades documentadas na sequência de 1.500 metros de rocha sedimentar do Grand Canyon! Dois desses contatos de formação apresentam canais enterrados, formados após o depósito de unidades subjacentes e da erosão de sua superfície superior. Posteriormente, canais foram preenchidos com sedimento, derivado de formações sobrepostas. A maioria dos geólogos considera isso como evidência do aumento e da diminuição do nível do mar ao longo dos anos nos continentes (da mesma forma como o nível do mar subiu e desceu centenas de metros várias vezes nos últimos dois milhões de anos, durante a era glacial).

---

[14] Louis Cyril Niglio, "Fracture Analysis of Precambrian and Paleozoic Rocks in Selected Areas of the Grand Canyon National Park, USA" [Análise de fratura em rochas Pré-cambrianas e Paleozoicas em áreas seletas do *Grand Canyon National Park*, Estados Unidos] (dissertação de mestrado, Universidade de Oklahoma, Norman, 2004), p. 68.

Uma dessas formações, exibindo erosão na superfície superior, é o calcário *Redwall*. Juntamente com canais, encontramos dolinas e cavernas que se desintegraram com o tempo ou foram preenchidas com sedimento de formações sobrepostas.[15] Cavernas formam-se em calcário sólido à medida que águas subterrâneas contínuas dissolvem rochas solúveis por milhares de anos. Evidências de inconformidade e cavernas antigas negam a interpretação dos geólogos do dilúvio quanto à deposição rápida, sem erosão gradual.

Um problema sério para a geologia diluviana envolve explicar a abundância e distribuição de alguns tipos comuns de rocha sedimentar (p. ex., depósitos de sal no Golfo do México). Xisto é a rocha sedimentar mais abundante da terra (mais de 50%). Minerais argilosos que compõem o xisto e outras rochas metamórficas são derivados do intemperismo químico dos minerais, incluindo feldspato e mica, abundantes em rochas ígneas mais antigas. Em contrapartida, o quartzo, mineral predominante no arenito e no siltito, não é alterado durante o intemperismo químico. Argila se acumula sobre o solo formado pela rocha-mãe, e a erosão do solo remove a argila através do vento e da água, transportando-a para lagoas ou para o mar, onde, sem suspensão, é estabelecida em condições fluviais tranquilas (turbulência mantém a argila em suspensão). Para que a argila possa ser depositada, ela antes precisa ser criada. Nem mesmo a rocha mais abundante da crosta terrestre — de fato, nem todo o solo da terra em um dado momento de sua história — seria o suficiente para fornecer a argila necessária para todas essas rochas! Turbulência causada pela agitação das águas diluvianas, tão alardeada pelos geólogos do dilúvio, manteria partículas de argila em suspensão permanente!

---

[15] George H. Billingsley e Stanley S. Beus, "Geology of the Surprise Canyon Formation of the Grand Canyon, Arizona" [Geologia do *Surprise-Canyon-Formation* do Grand Canyon, Arizona] *Museum of Northern Arizona Bulletin* 61 (1999):254.

O calcário é composto por conchas parciais e inteiras, bem como por lama clástica. Conchas que formam o calcário não foram transportadas para longe de onde animais e algas calcárias viviam no fundo do mar. Boa parte dos tipos de calcário antigo pode ser comparada a depósitos em linhas costeiras modernas, como na Plataforma das Bahamas, na Baía da Flórida, no Golfo Pérsico e na Grande Barreira de Coral. Eles se formam em água rasa, abaixo das marés e em lamaçais entremarés.

Todos os moluscos do planeta, em qualquer momento de sua história, não poderiam fornecer sedimentos cársicos suficientes para a espessura total do calcário ao redor do mundo! Nem mesmo o calcário pode ter derivado da erosão de rochas mais antigas. Lembra-se do que falamos sobre cavernas e dolinas? Porque o calcário é macio e solúvel, seu desgaste não produz muito sedimento.

Começamos esta proposição perguntando: Se o dilúvio de Gênesis submergiu todos os relevos terrestres, não deveria existir evidência substancial de erosão e deposição? Visto que o registro global de rochas sedimentares é inconsistente com um dilúvio universal, que tipo de evidência poderia ser mais favorável a esse dilúvio? É difícil responder à pergunta, já que é extremamente complicado considerar quais processos físicos poderiam ter acompanhado um dilúvio universal. Um acontecimento de tamanha magnitude nunca foi observado pela ciência moderna. O melhor que podemos fazer é uma "projeção em escala" a partir dos processos observáveis mais catastróficos que ocorreram em termos locais. Por exemplo: os recentes tsunamis devastadores que varreram o oceano índico (2004) e o Japão (2011) propiciam-nos algumas pistas sobre o rápido aumento da água ao longo de grandes distâncias.

Ondas de tsunami de até 30 metros acima do nível do mar, avançando diversos quilômetros na terra e em velocidades de 16 a 32 quilômetros por hora, podem destruir estruturas humanas com facilidade. Geólogos, contudo, descobriram que depósitos de sedimento de tsunami têm geralmente menos de 25 centímetros de espessura e correspondem com a paisagem anterior (ou seja: nenhuma mudança significativa na topografia).[16] Grandes tempestades costeiras também fazem a água avançar, porém depósitos causados por tempestade são apenas um pouco mais espessos e permanecem mais confinados à praia, mais próximos da costa.

Estimamos que, para inundar a terra até as montanhas mais altas em 150 dias, as águas teriam de subir pouco mais de 30 metros por dia (e diminuir aproximadamente na mesma proporção). Enquanto isso soa como uma elevação dramática, especialmente para qualquer alma viva fora da arca, é possível que pouco sedimento fosse produzido ou movido por longas distâncias durante o aumento e a diminuição das águas. Grande parte do trabalho geológico de erosão ocorreria na interface terra-água (inundação da costa), mas, assim como em um tsunami crescente, não há tempo suficiente para escavar grandes quantidades de sedimento. Além do mais, para um tsunami típico, 16 quilômetros por hora (que equivale a 380 mil metros por dia) corresponde a uma velocidade aproximadamente 12 mil vezes mais rápida do que nossa estimativa para a elevação e a diminuição das águas do dilúvio global! Uma taxa de 30 metros por dia é lenta demais para mover até mesmo grãos de areia![17]

O impacto de uma inundação sobre a superfície da terra pode ser ilustrado em uma curva hipsométrica, gráfico que mostra a porcentagem da superfície terrestre e do fundo oceânico em altitudes e profundidades diferentes (cf. a figura 1 na p. 186). À medida que as águas começam a subir acima do nível do mar, elas cruzam elevações menores, que representam cerca de 20% da superfície total do

---

[16] Robert A. Morton, Guy Gelfenbaum e Bruce E. Jaffe, "Physical Criteria for Distinguishing Sandy Tsunami and Storm Deposits Using Modern Examples" [Critérios físicos para a distinção de areia de tsunami e depósitos de tempestade pelo uso de exemplos modernos] *Sedimentary Geology* 200 (2007):184-207.

[17] Trinta metros por dia equivalem a 0.04 cm/seg. Baseado em observações experimentais de movimento sedimentar de partículas, velocidades de 10 a 100 cm/seg. são exigidas para mover partículas de areia (o tamanho da areia varia de 1/16 mm a 2mm em diâmetro).

planeta ou cerca de 70% de sua superfície terrena. Apesar da grande superfície, a elevação menor não forneceria muito potencial erosivo. Com os índices de elevação discutidos anteriormente, a erosão seria limitada a materiais de superfície, deixando rochas mais profundas praticamente intocáveis. Apenas 10% de toda superfície do planeta, ou cerca de 30% da superfície terrena, está acima da elevação média de Terra.

Menos sedimento seria produzido em superfícies mais elevadas, mas certamente haveria potencial erosivo com declives mais acentuados. É provável que parte do sedimento produzido em altitudes mais elevadas caísse em elevações mais baixas (mas não distante da costa, no nível do mar). Durante o período de 150 dias de recessão das águas, mais sedimento pode ter erodido e sido transportado a elevações menores; enfatizo, porém, mais uma vez: a velocidade de recuo das águas não é eficaz o suficiente para erodir ou mover sedimentos.[18] A importância desse exercício é que os milhares de metros de sedimento e rocha sedimentar encontrados em diferentes partes do globo não poderiam jamais ser gerados durante um dilúvio universal de um ano.[19]

---

[18] Além da erosão, outros processos submarinos poderiam estar envolvidos na redistribuição de sedimentos pelo aumento e diminuição das águas do dilúvio. Geólogos do dilúvio defendem deslizamentos submarinos e correntes gravitacionais (fluxos de turbidez) para algumas camadas de rocha do Grand Canyon. Entretanto, o exercício aqui mostra que não haveria muito sedimento para redistribuir.

[19] Geólogos do dilúvio podem responder que o perfil hipsométrico do mundo pré-diluviano pode ter sido diferente e que as convulsões tectônicas poderiam ter aumentado e reduzido massas de terra durante o dilúvio (anteriormente, mencionamos placas tectônicas rápidas). Contudo, montanhas supostamente erguidas durante o dilúvio geralmente contêm rochas sedimentares enrijecidas que se diz terem sido depositadas pelo dilúvio (da Vinci o observou há quinhentos anos)! A elevação e a redução de massas de terra sob uma inundação não resultariam na formação massiva e na distribuição de rochas sedimentares que observamos hoje. Esta é apenas uma dentre as muitas maneiras pelas quais interpretações de um dilúvio universal são internamente inconsistentes.

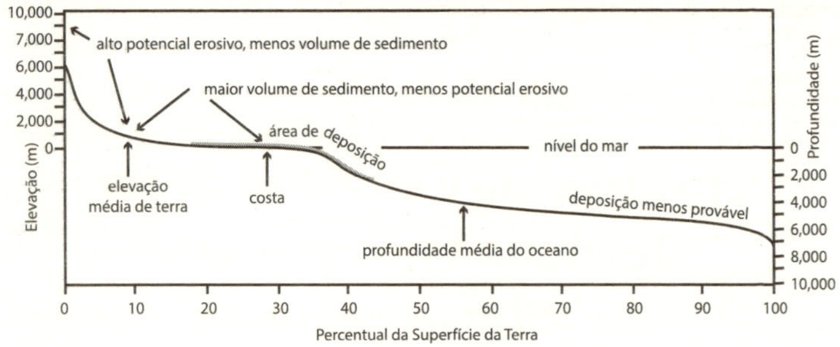

Figura 1. Curva hipsométrica aplicada ao potencial do aumento e da diminuição das águas para criar e distribuir sedimentos em um dilúvio universal. A taxa de subida e descida da água, seguindo a narrativa bíblica, não produziria o volume de rochas sedimentares que vemos distribuídas ao redor do mundo.

Há evidências geológicas para um dilúvio universal? Como ciência, a geologia teve início com o objetivo primário de responder a essa pergunta. Através da pesquisa, as primeiras gerações de geólogos, especialmente em meados do século XIX, determinaram que sucessões espessas de rochas sedimentares não foram depositadas no dilúvio de Noé. Antes, eles concluíram que as rochas foram depositadas por um vasto período de *tempo geológico*, por processos geralmente observáveis na terra moderna. Geólogos da atualidade compartilham desse ponto de vista com um conhecimento ainda mais amplo da história da terra e de sua estrutura dinâmica.

Geologia diluviana é um projeto de reinterpretação do registro geológico para que ele se conforme com uma interpretação altamente elaborada da narrativa do dilúvio encontrada em Gênesis. Geologia diluviana é motivada apenas pela crença de que a Bíblia exige um dilúvio universal. Proponentes apelam a hipóteses especulativas acerca de processos geológicos que acompanharam o dilúvio, os quais não são nem mencionados na narrativa, nem evidentes na natureza. Não pensamos que a narrativa bíblica demanda um dilúvio universal, nem encontramos sua evidência geológica em qualquer formação particular de rochas antigas ou em características da paisagem moderna.

Proposição 16

Histórias do dilúvio ao redor do mundo não provam um dilúvio universal

Talvez lhe contaram que existem histórias do dilúvio de muitos lugares ao redor do mundo, o que é verdade.[1] Mas talvez essa informação tenha sido usada para sugerir-lhe que tais histórias diluvianas são prova de que houve um dilúvio universal, o que é falso.

Há muitas histórias do dilúvio ao redor do mundo, mas, na maioria das vezes, de lugares com alta probabilidade e experiência de inundações frequentes. Algumas pessoas usam esse fato como argumento de que todas essas histórias remontam a um dilúvio universal e foram retransmitidas durante gerações, à medida que as pessoas se espalhavam pelo mundo, levando consigo o relato que, em última análise, começa com Noé e seus três filhos — a partir dos quais vieram todas as pessoas que estão vivas hoje, segundo uma leitura da história. Assim, a existência de histórias do dilúvio

---

[1] Uma coletânea moderna dessas histórias pode ser encontrada em J. G. Fraser *Folk-Lore in the Old Testament: Studies in Comparative Religion, Legend, and Law* [Folclore no Antigo Testamento: estudos em religião, lendas e leis comparadas] (1918; reimp., Nova York: Macmillan, 1927), p. 46-143. Cf. também T. H. Gaster, *Myth, Legend, and Custom in the Old Testament* [Mito, lenda e costume no Antigo Testamento] (Nova York: Harper Torchbooks, 1969), p. 82-131. Análise em Lloyd R. Bailey, *Noah: The Person and the Story in History and Tradition* [Noé: o homem e sua narrativa na história e na tradição] (Columbia: University of South Carolina Press, 1989), p. 5-10.

nos Estados Unidos, na Austrália, nas ilhas do Pacífico, na Europa (Grécia antiga e histórias medievais, embora poucas), África (não muitas) e Ásia (não muitas) atestariam um dilúvio universal.

Esse é praticamente o argumento proposto por Charles Martin em seu livro popular: *Flood Legends: Global Clues of a Common Event* [Lendas do dilúvio: vestígios globais de um acontecimento comum].[2] Martin acredita que mitos sugerem acontecimentos reais. Ele então demonstra a existência de muitos mitos diluvianos ao redor do mundo e introduz o conceito de "mitologia telefônica" (o nome tem origem na brincadeira popular "telefone sem fio"). Na brincadeira, alguém fala alguma coisa no ouvido de uma pessoa, que, por sua vez, vira-se e conta para outra, e assim por diante. A mensagem é transmitida, mas também muda no processo — exceto a ideia principal. Esse processo informa o entendimento de Martin sobre como histórias do dilúvio se desenvolveram com o tempo, visto que os povos descenderam de Noé e seus três filhos, dividiram-se em grupos diferentes e elaboraram a própria cultura e religião, as quais modelaram a forma como a história foi contada. Mesmo com esse desenvolvimento, o autor argumenta que a ideia básica do dilúvio persiste nessas histórias diversas. Particularmente, Martin compara a história do dilúvio em *Mahabharata* (Índia [hindu]), a história entre os *Galibi* (índios sul-americanos do leste da Venezuela) e Gênesis. Em vez de avaliar criticamente sua comparação com essas três lendas do dilúvio, questionaremos sua abordagem como um todo.

Indo direto ao ponto, Martin e outros como ele não são convincentes em seu argumento. Em primeiro lugar, o fato de que existem histórias diluvianas de diferentes partes do mundo não significa que o dilúvio foi experimentado nessas regiões; antes — segue o argumento — elas foram transmitidas desde o tempo do dilúvio. Em

---

[2] Charles Martin, *Flood Legends: Global Clues of a Common Event* [Lendas do dilúvio: vestígios globais de um acontecimento comum] (Green Forest: Master Books, 2009).

outras palavras, lendas do dilúvio não serviriam de argumento para apoiar um dilúvio universal em lugar de, digamos, um dilúvio local.

Uma explicação mais razoável para a presença de histórias diluvianas ao redor do mundo é que um dilúvio local, porém catastrófico, impressionou as pessoas de tal maneira que o incidente foi transmitido desde então, ao longo de várias culturas, como história de um dilúvio universal. De fato, se o nosso ponto de vista está certo — que o dilúvio mundial (retórico) da Bíblia se baseia em um dilúvio catastrófico local — é provável que tenha causado uma impressão muito forte nas pessoas. Seu compartilhamento amplo, então, seria resultado de um efeito cascata.

Em segundo lugar, com a exceção óbvia das histórias diluvianas do Antigo Oriente Próximo que estudamos na proposição 7 — e talvez exceto pela história diluviana grega, cuja origem pode ter sido influenciada pela mesma experiência ou pelo relato originado no AOP[3] — há apenas uma conexão superficial entre a maioria dessas histórias, principalmente quanto à sobrevivência de alguns. É muito mais provável que diversas histórias do dilúvio tenham emergido em diferentes culturas com base em sua própria experiência. Segundo argumentado por um pesquisador:

> Sabemos [...] que inúmeros povos não têm nenhuma lenda diluviana em sua literatura. Histórias diluvianas são praticamente inexistentes na África, ocorrem de modo ocasional na Europa e estão ausentes em muitas partes da Ásia. Elas são comuns nos Estados Unidos, na Austrália e nas ilhas do Pacífico. Além disso, muitas das histórias do dilúvio que conhecemos diferem-se radicalmente da narrativa bíblica e mantêm-se independentes umas das outras. Muitas não retratam um dilúvio em termos universais, mas apenas catástrofes locais; nem todas relatam o resgate de um homem ou família que "achou graça aos olhos do Senhor". Geralmente, heróis salvam a si mesmos em

[3] Cf. M. Astour, *Hellenosemitica: An Ethnic and Cultural Study in West Semitic Impact on Mycenaean Greece* [*Hellenosemica*: estudo étnico e cultural no impacto semítico ocidental sobre a civilização micênica] (Leiden: Brill, 1967).

> barcos ou escalando montanhas, sem a intervenção dos deuses. Além do mais, apenas algumas dentre as histórias do dilúvio atribuem sua causa à impiedade humana. Em diversos exemplos, nada pode ser dito sobre as características do dilúvio ou o meio pelo qual se originou. Normalmente, tempestades causam uma inundação; às vezes, chuvas e maremotos; de vez em quando, terremotos. Os salvos podem ser um único indivíduo (homem ou mulher), um casal, uma família inteira, um número definido ou indefinido de pessoas. Sementes e representantes de espécie animal são levados à embarcação em apenas algumas sagas. A duração do dilúvio, quando dada, varia de poucos dias a muitos anos.[4]

Em terceiro lugar, é provável que muitas das narrativas diluvianas mais semelhantes, como histórias medievais europeias e ameríndias, tenham sido influenciadas pelo próprio relato bíblico. Visto que missionários contaram a história do dilúvio bíblico para os habitantes nativos da América do Norte, algumas das ideias bíblicas podem ter se fundido com o pensamento dos nativos.

Desse modo, parece-nos errado dar qualquer crédito ao argumento de que a existência de lendas diluvianas ao redor do mundo oferece qualquer apoio à ideia de que houve um dilúvio universal. Em essência, essas histórias são irrelevantes para o nosso entendimento do relato bíblico.

Excurso: buscas modernas pela arca de Noé são infundadas

O tópico foi tratado com detalhes na avaliação minuciosa e criteriosamente balanceada de Lloyd Bailey. Leitores podem encontrar todos os detalhes que quiserem na obra do autor; por isso, citaremos apenas sua conclusão:

[4] J. H. Marks, "Flood" [Dilúvio], *IDB* 2:280.

Pesquisas a respeito de evidências quanto à sobrevivência da arca são [...] repletas de problemas. Fontes são geralmente de segunda ou terceira mão; gastaram-se anos apenas na tentativa de averiguar algumas delas. Documentos originais normalmente não podiam ser encontrados — se é que de fato existiram. Supostas testemunhas oculares morreram e por isso não puderam confirmar rumores que lhes foram atribuídos, nem esclarecer detalhes críticos. Relatos são repletos de discrepâncias — algumas mínimas, enquanto outras, tão substanciais que levantam a questão da credibilidade. Alguns são expressos em tons tão polêmicos e estridentes que destroem quaisquer alegações de objetividade. Sem questionar a integridade de alguns declarantes, parece que houve adição de detalhes todas as vezes que a história foi recontada.[5]

[5] Bailey, *Noah* [Noé], 88, citado em Walton, *Genesis* [Gênesis], p. 321.

Proposição 17

A ciência pode purificar a religião; a religião pode purificar a ciência da idolatria e dos falsos absolutos[1]

Reconhecemos que alguns leitores podem ficar atribulados se lhes parece que estamos seguindo pistas da ciência moderna. "A Escritura não está acima da ciência?" — perguntariam alguns. Afinal, a Bíblia é a Palavra de Deus para a humanidade e, portanto, sempre verdadeira. Ciência é um empreendimento humano e, assim, sujeita a todos os erros e falhas da humanidade.

Já afirmamos nossa visão de que a Bíblia é de fato inerrante em tudo quanto intenciona ensinar. Também concordamos que qualquer projeto humano está sujeito a falhas e cálculos errados. Entretanto, colocar a Bíblia contra a ciência dessa maneira é problemático por diversas razões.

A primeira é que o cristianismo ortodoxo tem afirmado tradicionalmente que a verdade divina é revelada em uma obra "de dois volumes". Deus se revela tanto na Bíblia quanto na natureza. Essa abordagem dupla em relação à verdade é bem expressa na Confissão de Fé Belga:

---

[1] O título deste capítulo é adaptado de uma citação de João Paulo II: "A ciência pode purificar a religião do erro e da superstição; a religião pode purificar a ciência da idolatria e dos falsos absolutos" (Carta ao padre George V. Coyne, diretor do Observatório Astronômico Vaticano [1° de junho de 1988]), http://w2.vatican.va/content/john-paul-ii/en/letters/1988/documents/hf_jp-ii_let_19880601_padre-coyne.html.

> Conhecemos a Deus por dois meios. Primeiro: pela criação, manutenção e governo do universo, visto que ele, aos nossos olhos, é como um livro formoso em que todas as criaturas, grandes e pequenas, servem de letras que nos fazem contemplar os "atributos invisíveis de Deus" a saber, "seu eterno poder e sua natureza divina", conforme nos diz o apóstolo Paulo (Romanos 1:20). A natureza é suficiente para convencer o ser humano e torná-lo indesculpável. Segundo: Deus se faz conhecer, de modo mais claro e pleno, por sua santa e divina Palavra, isto é, o quanto nos é necessário nesta vida, para a sua glória e para a nossa salvação. [2]

Esse comentário perspicaz leva teólogos a distinguirem entre revelação geral, direcionada a todas as pessoas, e revelação especial, originada na Escritura e necessária para a salvação. Contudo, revelação geral também nos revela a verdade. Visto que ambos os livros são "escritos" por Deus, não entrarão, em última análise, em conflito, caso sejam entendidos da maneira correta. O princípio se aplica tanto ao nosso conhecimento sobre a natureza quanto ao nosso conhecimento bíblico.

A razão pela qual não devemos temer o estudo da natureza por meios científicos é que, visto que ela reflete a verdade de Deus, a ciência nunca irá contradizer a Bíblia — se ambas forem entendidas corretamente. E isso nos leva ao argumento seguinte.

A segunda é que temos de nos lembrar que tanto nosso conhecimento científico quanto nosso conhecimento bíblico resultam de interpretação. Entendemos, e devemos levar em consideração, que nossa interpretação científica da natureza pode estar incorreta, sim. É legítimo questionar conclusões científicas, embora devemos ter o cuidado de não manipular a evidência ou apelar ao milagre quando não há razões para pensar que Deus agiu por esse meio, nem para

[2] Confissão de Fé Belga, artigo 2, em www.monergismo.com/textos/credos/confissao_belga.htm.

sugerir que condições eram diferentes em um passado distante, sem qualquer evidência.[3]

O que o cristão geralmente se esquece, porém, é que enquanto a Bíblia é verdadeira em tudo que intenciona ensinar, nossa interpretação não está sempre correta. Precisamos nos abrir à possibilidade de que nossa interpretação de determinada passagem possa estar errada — talvez não completamente, mas em algum aspecto importante.

Antes de prosseguir com ilustrações e falar sobre como a ciência pode nos ajudar em nossa interpretação, devemos pausar aqui e declarar que concordamos com aqueles que insistem na perspicuidade (clareza) da Escritura. Precisamos estar abertos a mudar nossa interpretação, como indivíduos e como Igreja. Ademais, é comum que tenhamos mais clareza sobre o significado de uma passagem à luz de alguma informação externa.

Desde a Reforma, a Igreja protestante defende, correta e vigorosamente, a perspicuidade e suficiência da Escritura. *Perspicuidade* é um termo técnico para clareza, e a Bíblia *é* clara. Infelizmente, alguns leitores pensam que isso significa que a Bíblia é clara em tudo o que diz. Mas esse não é o caso. A seguinte declaração, extraída da Confissão de Fé de Westminster, ilustra essa doutrina:

> Na Escritura, não são todas as coisas igualmente claras em si, nem do mesmo modo evidentes a todos. Contudo, as coisas que precisam ser obedecidas, cridas e observadas para a salvação, em um ou outro texto bíblico são tão claramente expostas e explicadas, que não só os cultos, mas também os incultos, no uso devido de meios comuns, podem alcançar uma compreensão suficiente delas (CFW 1.7).

---

[3] Infelizmente, essas estratégias são geralmente empregadas por aqueles que tentam minar descobertas da ciência convencional como tentativa de defender sua própria interpretação da Escritura. Cf., p. ex., a contribuição de K. Ham em *Four Views on Creation, Evolution, and Intelligent Design* [Quatro pontos de vista sobre criação, evolução e *design* inteligente], ed. J. B. Stump (Grand Rapids: Zondervan, 2017).

Embora o hebraico e o grego (e um pouco de aramaico) tiveram de ser traduzidos, no que diz respeito à mensagem mais importante da Bíblia ("coisas que precisam ser obedecidas, cridas e observadas para a salvação"), seu conteúdo é "em um ou outro texto bíblico [...] tão claramente [exposto] e [explicado]" que nem mesmo uma tradução ruim é capaz de arruiná-lo.

Mas o que, porém, é necessário para a salvação?

Algo mais ou menos assim: "Sou pecador e preciso de ajuda. Jesus morreu e ressuscitou para me salvar do pecado e da morte. Devo colocar minha fé nele".

Simples, não é? E isso é ensinado de modo tão claro na Escritura que devemos nos esforçar muito para não vê-lo.

Essa é a mensagem do evangelho, e seu anúncio se encaixa com a grande narrativa bíblica, a qual pensamos ser igualmente clara:

Criação — Queda (no pecado) — Redenção — Consumação

Esse é o enredo básico da Bíblia, de Gênesis a Apocalipse. Deus originou todas as coisas, incluindo o ser humano, a quem criou moralmente inocente. O ser humano decidiu se rebelar contra Deus, e isso explica a presença do pecado e da morte. Deus, então, saiu em busca de reconciliação, redimindo sua criatura humana do pecado. (Essa é a ideia principal de grande parte da Bíblia, de Gênesis 4 a Apocalipse 20). A narrativa bíblica termina com uma descrição da consumação futura (a Nova Jerusalém [Apocalipse 21—22]). Negar esse panorama apresentado pela Bíblia é realmente problemático.

Segundo, porém, afirma a Confissão que acabamos de ver, nem tudo está claro na Bíblia. Preste atenção neste trecho: "Na Escritura, não são todas as coisas igualmente claras em si, nem do mesmo modo evidentes a todos". Precisamos nos lembrar disso ao interagir com pessoas de opinião diferente em assuntos cujo entendimento não é essencial para a nossa salvação.

No que diz respeito ao ponto de vista que alguém forma sobre o dilúvio — trata-se de um acontecimento local ou universal? Ou, segundo defendido neste livro, a narrativa usa hipérbole para figurar um dilúvio local como uma inundação global e assim para comunicar uma mensagem teológica? Não estamos lidando com a essência do evangelho. Não é de surpreender que haja controvérsias entre nós. A doutrina da perspicuidade não está sob ameaça por diferenças de interpretação entre nós.

A doutrina da suficiência da Escritura é baseada no princípio de *sola Scriptura*, estabelecido na Reforma. A Bíblia é tudo o que precisamos para entender nossa necessidade de salvação e o meio de obtê-la. Não precisamos de recursos extrabíblicos (textos do AOP, *insights* científicos, descobertas arqueológicas etc.) para saber que somos pecadores e que Cristo morreu pelo nosso pecado e ressuscitou em glória.

Dito isso, a doutrina da suficiência da Escritura não nega que podemos ser grandemente auxiliados em nosso desejo de conhecer o sentido original do texto bíblico por meio de recursos extrabíblicos, e essa é a ideia que estabelecemos no livro. Somos auxiliados em nossa tentativa de entender o significado intencionado pelo autor na história do dilúvio, tanto em relatos do AOP sobre o acontecimento quanto em conclusões científicas relacionadas à possibilidade de uma inundação universal.

Temos muitos exemplos de como a Igreja passou a interpretar a Bíblia de forma diferente à luz de evidências extraídas de fontes extrabíblicas. Antes de retornarmos ao tópico do dilúvio, forneceremos dois exemplos.

O primeiro diz respeito ao Cântico dos Cânticos de Salomão. Atualmente, há amplo consenso, especialmente entre intérpretes protestantes, de que o Cântico é um poema de amor. Existem desavenças quanto ao livro ser um poema que narra a história de dois ou três personagens ou uma antologia de poemas de amor, mas praticamente todos leem o texto como um poema de amor.[4]

[4] Para mais detalhes, cf. Tremper Longman III, *Song of Songs* [Cântico dos Cânticos], NICOT (Grand Rapids: Eerdmans, 2001), p. 20-49.

Entretanto, não era esse o caso antes do século XIX. Antes dessa época, tanto a Igreja quanto a sinagoga consideravam o livro uma alegoria do relacionamento de Deus com seu povo — a Igreja ou Israel. Assim, entre intérpretes judaicos, era comum tomar textos como Cânticos 1:2-4 não como expressão de desejo por intimidade por parte da mulher pelo seu amado, mas como uma referência ao Êxodo egípcio:

> Ah, se ele me beijasse,
> se a sua boca me cobrisse de beijos...
> Sim, as suas carícias são mais agradáveis
> que o vinho.
> A fragrância dos seus perfumes é suave;
> o seu nome é como perfume derramado.
> Não é à toa que as jovens o amam!
> Leve-me com você! Vamos depressa!
> Leve-me o rei para os seus aposentos!

Se o Cântico é uma alegoria na qual a mulher representa Israel, e o homem, Deus, então faz sentido lê-lo assim: Israel (a mulher) roga a Deus (o homem) que a leve para a sua terra (seus aposentos). Mas o que aconteceu no século XIX para convencer leitores de que o Cântico era uma canção de amor, não uma alegoria? Certamente, há mais de um fator envolvido, porém uma das chaves foi a redescoberta de poemas de amor egípcios e do AOP.[5] Algo de fora da Escritura ajudou leitores modernos a entender melhor o sentido antigo de Cântico dos Cânticos em comparação com a forma como o poema era entendido durante a Idade Média, ou mesmo na Reforma.

Nosso segundo exemplo se aproxima mais do assunto em questão, já que consiste em um exemplo em que novos *insights* científicos mudaram nosso entendimento do texto bíblico. Em outras palavras, temos um exemplo de "ciência redefinindo a teologia".

---

[5] Para uma explicação completa, cf. ibid., p. 49-54.

No início da Igreja e durante o período medieval, pensava-se que a Terra estava posicionada no centro do sistema solar. Afinal, o sol se erguia, o sol se punha. Em Josué 10, Deus detém o sol. Passagens como essas sugeriam ao leitor que, segundo a Bíblia, a Terra era o centro do sistema solar.

No contexto dessa crença, surge o astrônomo Galileu (1564-1642). Sua história é bem conhecida, embora ocasionalmente exagerada. Sem detalhar como Galileu chegou à sua descoberta, basta-nos dizer que ele causou mais do que um alvoroço no meio eclesiástico ao afirmar que suas observações concluíam que a Terra não era o centro do universo, nem mesmo do sistema solar.[6]

A Igreja reagiu ao pronunciamento do astrônomo, sugerindo que Galileu era um herege por comprometer o ensino claro da Escritura. Hoje, praticamente todo mundo, até mesmo o mais conservador entre os conservadores, não apenas concorda com a perspectiva de Galileu a respeito do universo, mas acha difícil acreditar como seu ponto de vista foi considerado ameaçador para a verdade bíblica e o cristianismo.

A lição que devemos tirar desses exemplos, particularmente do incidente envolvendo Galileu, é que a Igreja não deve responder com reações precipitadas e negativas às descobertas científicas cujas conclusões parecem questionar nossa interpretação bíblica. Se forem representações acuradas da realidade, descobertas científicas não entrarão em conflito com a Escritura. Antes, nossa reação deve ser de retornar à Bíblia e ver se entendemos o texto corretamente — ou mesmo se podemos interpretá-lo melhor no sentido de sermos levados de volta à intenção do autor.

Devemos aceitar de coração o conselho de Agostinho, digno de uma citação longa:

---

[6] Kerry Magruder, "Galilei, Galileo", em *Dicionário de cristianismo e ciência*, ed. Paul Copan et al. (Rio de Janeiro: Thomas Nelson Brasil, 2018), p. 352-354.

> Normalmente, mesmo um não cristão conhece algo sobre a terra, o céu e outros elementos deste mundo; sobre o movimento e órbita das estrelas, sua relativa grandeza e distância; sobre eclipses solares e lunares, ciclos de anos e estações; sobre tipos de animais, árvores, pedras e assim por diante. Ele toma por certo esse conhecimento a partir de sua razão e experiência. Assim, é vergonhoso e perigoso para o cristão quando um descrente o escuta falando coisas sem sentido sobre esses tópicos sob pretexto de expor o significado da Escritura Sagrada. Devemos tomar todo o cuidado de evitar uma situação tão desconcertante, na qual as pessoas percebem uma vasta ignorância no cristão e zombam dele com desprezo. A vergonha não diz respeito a um indivíduo ignorante ser ridicularizado, mas no fato de pessoas de fora da família da fé pensarem que os escritores bíblicos tenham tais opiniões e, para grande perda nossa, rejeitá-los como homens incultos. Se incrédulos descobrem um cristão cometendo erros em uma área da qual eles mesmos conhecem bem e o escutam mantendo suas opiniões tolas sobre a Bíblia, como crerão nos livros bíblicos em assuntos como ressurreição dos mortos, esperança da vida eterna e reino dos céus — quando acham que as páginas da Escritura estão cheias de falsidade sobre fatos acerca dos quais aprenderam à luz da experiência e da razão? Expositores imprudentes e incompetentes da Escritura Sagrada trazem incontáveis problemas e tristezas aos seus irmãos mais sábios quando são apanhados em alguma de suas opiniões falsas e questionados por aqueles que não estão presos pela autoridade do nossos livros sagrados.[7]

Mas isso funciona na outra direção? Como a religião "purifica a ciência?"

Certamente cremos que sim, mas talvez não da mesma forma como a ciência esclarece aspectos da religião. A razão para isso é que a Bíblia não tem a intenção de nos ensinar verdades científicas. Pensamos que a Bíblia não desqualificaria conclusões

---

[7] Augustine, *Literal Meaning of Genesis* [Sentido literal de Gênesis] 5.11, 162, citado em Conor Cunningham, *Darwin's Pious Idea: Why the Ultra-Darwinists and Creationists Both Get It Wrong* [A ideia piedosa de Darwin: por que ultradarwinistas e criacionistas estão errados] (Grand Rapids: Eerdmans, 2010), p. 294.

científicas legítimas, ainda que esse cenário não seja impossível. Particularmente, achamos que o cristão não deve fazer pronunciamentos sobre o que a ciência pode pesquisar e o que deve, ou não, ser descoberto.

Por exemplo: não devemos desencorajar cientistas em sua busca de descobrir uma base científica para a origem da vida. Se Deus criou o primeiro material orgânico a partir de um ato especial de criação, então nenhuma explicação científica será encontrada. Contudo, é possível que Deus tenha usado causas secundárias para dar origem à vida, assim como muitos creem que ele usou causas secundárias para trazer os primeiros seres humanos à existência. As ações de Deus não são menos divinas se explicadas pela providência em vez de explicadas pelo milagre. A Bíblia está mais interessada em afirmar a atuação de Deus na criação, não nos descrever os mecanismos que foram usados.

Argumentamos que ciência informada pela região remonta aos fundamentos do método de investigação científico. A ciência opera sobre fundamentos bíblicos quando entende que há consistências no cosmos. Deus criou um universo ordeiro e que pode ser estudado pela observação; além disso, deu inteligência ao ser humano que criou para que, com base em sua observação, chegasse a certas conclusões. Assim, não devemos nos surpreender quando Ted Davis, historiador da ciência, conclui: "Mesmo que a Revolução Científica não tenha sido um fenômeno inerentemente cristão, ela foi conduzida quase que inteiramente por cristãos".[8]

Ademais, a religião deve desafiar a ciência quando ela ultrapassa limites e se autoproclama árbitra única da verdade, particularmente

---

[8] Cf. Edward B. Davis, "Revolução Científica", em *Dicionário de cristianismo e ciência*, ed. Paul Copan et al. (Rio de Janeiro: Thomas Nelson Brasil, 2018), p. 651-652. Cf. também Edward B. Davis, "Christianity and Early Modern Science: The Foster Thesis Reconsidered" [Cristianismo e o início da ciência moderna: a tese Foster reconsiderada] em *Evangelicals and Science in Historical Perspective* [Evangélicos e ciência sob uma perspectiva histórica], ed. David N. Livingstone, D. G. Hart e Mark A. Noll (Oxford: Oxford University Press, 1999), p. 75-95.

quando cientistas começam a anunciar, em nome da ciência, que a religião é falsa. É nesse ponto que ciência se transforma em idolatria. Ainda que a grande maioria dos cientistas não cometa esse erro, existem, infelizmente, algumas exceções bem conhecidas. Talvez os mais conhecidos hoje sejam Richard Dawkins e Stephen Hawking, ambos cientistas eminentes, os quais demostram sua ignorância ao falar sobre religião, constrangendo até mesmo muitos cientistas e intelectuais não religiosos.[9]

É desanimador, portanto, ver como alguns cristãos, incluindo líderes, tratam a ciência como se fosse inimiga da fé. Tal atitude resulta em todo tipo de prejuízos. Em primeiro lugar, macula a reputação da Bíblia e da Igreja, visto que essa postura exige que as pessoas não apenas questionem algumas conclusões da ciência, mas também que, mesmo diante de evidência esmagadora — no caso, por exemplo, do dilúvio — tentem prejudicar o próprio fundamento da ciência. Essa conduta é particularmente desconcertante, visto que o fundamento da ciência é compatível com a visão de mundo bíblica, ou até mesmo inspirado por ela.

Deste modo, em vez de fugirmos da acusação de que a ciência nos fez retornar ao relato bíblico do dilúvio para ver se o estamos lendo corretamente, aceitamo-la plenamente, visto que nos levou a ler a narrativa em conformidade com a intenção do autor.

---

[9] Cf., por exemplo, Richard Dawkins, *Deus, um Delírio* (São Paulo: Companhia das Letras, 2007); e Stephen Hawking e Leonard Mlodinow, *The Grand Design* [O grande projeto] (Nova York: Bantam Books, 2012). Cf. também Terry Eagleton, crítica de *Deus, um Delírio*, por Richard Dawkins, *The London Review of Books* 28 (2006): 32-34.

Conclusão

Em termos metodológicos, observamos que acontecimentos não são autoritativos; a *interpretação* dos acontecimentos, feita pelo autor bíblico, é o que carrega autoridade. É claro que, para que a interpretação seja autoritativa, precisa existir um acontecimento por trás da interpretação (cf. proposição 14). Entretanto, a realidade do acontecimento não é encontrada em sua reconstrução, mas no lugar literário e teológico que lhe são atribuídos pelo autor.

O mundo antigo via os mesmos acontecimentos de maneira diferente, e quando era recontado era inevitavelmente modelado por convenções literárias, pressupostos teológicos e perspectivas culturais. Isso é particularmente verdade de acontecimentos que carregam significado cósmico. O autor bíblico não descreve autoritativamente um acontecimento (de maneira que provaria sua autenticidade histórica, para a satisfação do cético), porém interpreta autoritativamente, pelo emprego de sua própria percepção e de convenções literárias, o que Deus faz por meio do acontecimento. Autoridade, portanto, não depende de nossa habilidade de reconstruir a extensão do acontecimento, nem em nossa capacidade de defendê-lo cientificamente por qualquer reconstrução que possamos oferecer.

Reparamos na importância de reconhecer o uso de artifícios retóricos para modelar a narrativa de modo que podemos entender como Gênesis 6—9 funciona. Visto que Gênesis é uma representação literária construída retoricamente para alcançar propósitos teológicos, não devemos esperar ser capazes de usá-la para reconstruir o acontecimento (real). Como ilustração, não esperaríamos olhar para *A Noite Estrelada* de Van Gogh a fim de reconstruir aspectos como: que parte do céu a pintura mostra, em que hemisfério está localizada ou que hora da noite o pintor retrata, comparando, em seguida, o quadro com uma foto do telescópio Hubble. Embora o céu estrelado seja real, Van Gogh oferece uma representação artística. Da mesma maneira, descrições literárias são artísticas. Por isso, não esperaríamos ser capazes de pegar um relato moldado retoricamente de uma antiga tradição diluviana e reconstruí-lo em termos hidrológicos-geológicos modernos. Nossa inabilidade em fazê-lo não decorre de a narrativa ser falsa, mas de ela se tratar de arte literária, situada em um contexto cultural que emprega convenções retóricas.

A retórica que reconhecemos do Antigo Oriente Próximo retrata extensão e efeito em proporções cósmicas.[1] Podemos classificar a narrativa do dilúvio como um "relato cataclísmico" e, a partir daí, identificar relatos no AOP e na Bíblia que apresentam as mesmas características. Notamos a mesma especificação em outro gênero: o gênero apocalíptico. Como tal, o gênero usa hipérbole como parte de uma retórica universalista e emprega imagens extraídas do repertório de outros autores bíblicos e de outros trechos das Escrituras.

No desenvolvimento literário de Gênesis 1—11, o autor/compilador interpreta o dilúvio como paralelo à criação, um acontecimento que traz ordem, mas também em paralelo com a aliança, que é uma estratégia para estender a ordem. No desenvolvimento teológico, o relato provê mais um exemplo de pecado e juízo, ilustrando como Deus responde ao pecado de forma dramática, porém continua levando adiante seus planos e propósitos.

Desenvolvemos a ideia de que Gênesis 1—11 em geral, e a narrativa do dilúvio contida nessa seção, servem de pano de fundo para a aliança com Abraão e sua família, que se desdobra nas narrativas ancestrais, em Gênesis 12—50. Deus estende graça à humanidade por meio da aliança, traz ordem por meio da Torá em meio à aliança

[1] Yi Samuel Chen, *The Primeval Flood Catastrophe* [A catástrofe primeva do dilúvio] (Oxford: Oxford University Press, 2013), p. 204.

e continua a se mover em direção à restauração de sua presença na terra, perdida no Éden e restabelecida no tabernáculo.

Consequentemente, se fizéssemos a pergunta: Por que o compilador de Gênesis incluiu os capítulos 1—11? A resposta não seria porque ele desejava nos informar sobre aqueles eventos. Antes, ele usa esses acontecimentos conhecidos do passado para ajudar o leitor a entender como a aliança com Abraão se encaixa no fluxo dos planos e propósitos de Deus para o cosmos, suas criaturas, seu povo e para a história. A história introdutiva de Gênesis 1—11 explica como e por que Deus veio a identificar um povo particular que escolheu para entrar em um relacionamento de aliança com ele.

Enfatizamos que mesmo que o relato bíblico seja desenvolvido ao longo das mesmas linhas convencionais que relatos mesopotâmicos, a interpretação de Gênesis difere-se dramaticamente do que encontramos na tradição mesopotâmica. Está claro que ambos dialogam com o mesmo rio cultural; no entanto, Gênesis se desliga radicalmente da interpretação que emerge da literatura da Mesopotâmia.

Voltando às questões colocadas por nosso rio cultural científico, defendemos que o texto bíblico não pode ser explorado em busca de detalhes ou revelações científicas. Não podemos derivar a extensão e o alcance do acontecimento a partir da apresentação teológico-literária escolhida pelo autor bíblico. Se questionados: "O dilúvio foi universal?", nossa resposta seria: "Sim, universal em seu impacto e importância, ainda que não tenhamos razões para pensar que sua extensão geográfica e alcance foram universais".

Visto que a Bíblia usa a retórica da hipérbole para descrever o dilúvio, ela não alega que o acontecimento foi universal em sua extensão geográfica e alcance; antes, retrata-o em termos universalistas para efeitos retóricos. Se nos voltarmos para a ciência, não encontraremos evidência que sugira uma inundação global. Se a ciência não sugere um acontecimento universal, e a Bíblia (em nossa interpretação refinada) não o declara, não temos razões para concluir que ele tenha sido universal. Tal conclusão nem diminui a autoridade do texto, nem a importância do acontecimento, conforme exposto na interpretação do autor de Gênesis.

Por último, o que devemos pensar sobre um Deus que envia dilúvio? Primeiro: devemos notar que a Bíblia não se engaja em teodiceias, nem nos convida a fazê-lo. Não estamos em posição de avaliar a justiça de Deus. Prestamos contas a ele, e não ele a nós. Deus ama a misericórdia e é compassivo, mas um Deus que nunca executa juízo não seria Deus.

Segundo: devemos nos lembrar que o texto bíblico nos fornece apenas conhecimento limitado dos mecanismos interiores da mente divina. Os caminhos de Deus não são os nossos, nem os seus pensamentos (Isaías 55:8). Não podemos conhecê-lo por completo, mas apenas o que ele revelou a seu respeito. Deus nos deu revelação suficiente para que tivéssemos uma percepção de seus planos e propósitos e confiássemos nele o bastante para participarmos nesses planos e propósitos. O dilúvio é bem-sucedido em nos dar *insights* nessas questões. Nossa resposta deve ser o reconhecimento da sabedoria e da autoridade de Deus. O temor do Senhor é o princípio da sabedoria. Tememos a Deus quando nos submetemos humildemente à sua autoridade como centro da ordem e da sabedoria.[2] Não podemos entender todos os fatores que motivam o que ele faz ou o tempo que escolhe. Não estamos em posição de aconselhá-lo (Isaías 40:13-14; Romanos 11:34).

Nossa reposta é confiar nele.

---

[2] Formulação sugerida por Rhett Austin, aluno de John.

Leitura adicional

Bailey, Lloyd R. *Noah: The Person and the Story in History and Tradition*. Columbia: University of South Carolina Press, 1989.

Chen, Yi Samuel. *The Primeval Flood Catastrophe*. Oxford: Oxford University Press, 2013.

Copan, Paul, Tremper Longman III; Christopher Reese; Michael Strauss, eds., *Dicionário de cristianismo e ciência*, ed. Paul Copan et al. Rio de Janeiro: Thomas Nelson Brasil, 2018.

George, Andrew. *The Babylonian Gilgamesh Epic*. Oxford: Oxford University Press, 2003.

Hill, Carol, Gregg Davidson, Tim Helble e Wayne Ranney, eds., *The Grand Canyon, Monument to an Ancient Earth: Can Noah's Flood Explain the Grand Canyon?* Grand Rapids: Kregel Publications, 2016.

Horowitz, Wayne. *Mesopotamian Cosmic Geography*. Winona Lake: Eisenbrauns, 1998.

Lambert, W.G. e Alan R. Millard, *Atra-Hasis: The Babylonian Story of the Flood*. Oxford: Clarendon Press, 1969.

Longman, Tremper, III. *Genesis*. Story of God Bible Commentary Series. Grand Rapids: Zondervan, 2016.

Lyon, Jeremy D. *Qumran Interpretation of the Genesis Flood*. Eugene: Pickwick, 2015.

Ryan, William e Pitman, Walter. *Noah's Flood: The New Scientific Discoveries About the Event That Changed History*. Nova York: Simon and Schuster, 1998.

Walton, John H. *Genesis*, NIVAC. Grand Rapids: Zondervan, 2011.

Walton, John H. *The Lost World of Genesis One*. Downers Grove: InterVarsity Press, 2009.

Young, Davis A.; Ralph F. Stearley, *The Bible, Rocks and Time: Geological Evidence for the Age of the Earth*. Downers Grove: InterVarsity Press, 2008.

Este livro foi impresso em 2021, pela Edigráfica, para a Thomas Nelson Brasil. A fonte usada no miolo é Minion Pro, corpo 10,5. O papel do miolo é pólen soft 80 g/m², e o da capa é cartão 250 g/m².